部下からも会社からも信頼される

中間管理職の教科書

風土改革コンサルタント
手塚利男

同文舘出版

はじめに

皆さんは、部下を持つ立場になってから一番うれしかったのはいつですか？

私は、課長昇格試験を2回受けて、2回目で昇格したときです。ただし、素直に「うれしい」というよりは、昇格試験を受けるにあたって推薦してくれた上司に対して、期待に応えられてよかったという、うれしさだったように思います。


多くの人は、**「課長の内示をもらったときが一番うれしかった」**と、ため息をつきます。

なぜでしょうか？

最近、お会いした新人課長さんも、このように話していました。

「課長になれば自分の権限で人を動かして仕事ができるし、給料も上がって家族に胸を張れると思っていました。それに、平社員のときは、部下もいなくて自分のことだけを考えていればよかった。何か問題があれば、『上が悪い』『上が決めてくれないからだ』などと、上司の悪口を酒の肴にして仲間と楽しく飲んでいた頃が懐かしいです。

今は、立場が逆になって、部下の批判的な視線を感じるときもあります。部下たちが数人で連れ立って帰る姿を見ると、居酒屋などで自分の悪口を言って飲むんじゃないか、などと考えて不安になります」

　実際に課長になってみると、動いてくれない部下に気づかわなくちゃいけない、会社からもお客さまからも無理難題を押しつけられる……。残業手当がなくなったので、期待したほど給料も上がらず、家族からもがっかりしたと言われてしまったそうです。

　私も、若い頃は体制側に反発ばかりしていました。自分の能力は脇に置き、会社や上司の問題を指摘していい気になっていたので、部下たちが上司を批判的に見る気持ちもよくわかります。

　私は中学卒業後、いすゞ自動車に一番下の学歴で入社しました。

　いすゞでは、全社風土改革活動の事務局として本社人事部に席を置いて支援活動をしていましたが、風土改革活動支援の経験を買われて、川崎工場の総務部長として異動することになりました。そのときに初めて部下を預かる立場になりました。

　それまでも肩書は課長でしたが、一度も部下を預かった経験はなく、いきなり部長ですから、当時は大抜擢人事だったと思います。

「今度、川崎工場の総務部長になるよ」と妻に言ったら、妻は「会社で何か悪いことがあったの？」と言いました。妻は、会社で不祥事があると真っ先に総務部長が報道陣の前で頭を下げるシーンを想像したらしく、その頭を下げる役割に指名されたと思ったのです。

当時のいすゞ自動車川崎工場は、他の工場より歴史も古く、過去に幾度となく労働闘争が起きていました。それもあって、人事や労務、総務も問題を起こしそうなことには過剰に反応する傾向がありました。

しかし、私が本社の人事部長から異動を命じられたときには、こう言われたのです。

「手塚くんのミッションは、これまで人事や総務が作ってきた、社員の行動を抑えるようなルールや規制を壊すこと。自由闊達な工場にすることです。これまでの風土改革活動の支援で経験したことを存分に発揮してください」

一度も部下を預かった経験もなく、いきなり4つの課を束ねる部長になるのですから、不安はありました。それは、それまでの人事や労務、総務の人たちがよしとしてきた仕事の仕方を、どのように「自由闊達な工場にする」という方向へ部下たちを導くかという不安でした。

しかし、「問題が起きないような工場にしろ」ではなく、「社員の行動を抑えるようなルールや規制を壊すこと」「自由闊達な工場にすること」という素晴らしいミッションをいただいたので、人事、総務、労務の皆さんと正面から向き合い、まず、相手の話を聞くことから始めれば必ず協力してくれると思っていました。

実際に部下と向き合ってみると、業務上のケガや災害、異動の内示、業務指示、評価、法的な問題を起こした社員への対応など、部下の気持ちを動かす大変さをたっぷり味わいました。

それでも、与えられたミッションを実践できたのは、風土改革活動で身につけた「相手の話をよく聞く」ことで、部下の皆さんの力を借りることができたからだと思います。

後に、いすゞ自動車の関連会社に出向したときは、通訳や翻訳といった個性の強い集団をまとめる立場になって、総務部長のとき以上に中間管理職の大変さを経験しました。

いすゞ自動車を退職した後は、風土改革のコンサルタントとして、数え切れないほどの中間管理職の皆さんと、部下を持つ苦悩を共有させていただきました。

こうした仕事を通じて私が確信したのは、仕事ができる人は、**相手が部下であっても上司であっても、うまく「協働」できる人**ということです。

人間は集団で生きる動物で、周囲の人々と想いや考えを共有し、協働する知恵を持っています。この「うまく協働していくための知恵」を多くの悩める中間管理職の人に知ってもらいたい、と思ったことが本書を書くきっかけになりました。

私が出会った、部下や上司とうまく協働できている中間管理職の方は、こうした「うまく協働していくための知恵」を意識的に、あるいは無意識に使っています。

本書は、部下のマネジメントや、部下と上司との板挟みで悩んでいる中間管理職の方に、「うまく協働していくための知恵」を意識して使っていただきたいと思い、執筆しました。私がいすゞ自動車で新米管理職として経験したことや、風土改革のコンサルティングの現場で学んだ視点から深掘した生きたノウハウです。

特に、風土改革のコンサルティングの現場では、数え切れないほどの中間管理職の皆さんと喜びや苦しみを共有させていただきました。本書では、あなたが中間管理職として、こんなときに悩むだろうと思われる場面ばかりをQ&A形式で解説しています。

さらに、もっと根の深い問題を解決するためには、部下だけではなく上司や他の管理職を巻き込んで協働できなければ解決できません。最終章では、風土改革支援現場で出会った、実際に部下や上司とうまく協働している6人の中間管理職の事例を紹介します。

組織経験が少なく、「明日から部下をまとめてくれないか」と言われて悩んでいる方でも、すぐに実践できる内容ですので、ぜひ意識的に活用してください。

手塚利男

『部下からも会社からも信頼される　中間管理職の教科書』目次

はじめに

1章

信頼される中間管理職に必要な3つの心得

01 カッコいいリーダーを目指さなくてもいい 16
02 信頼されるリーダーは「聞く」 18
03 信頼されるリーダーは「結果だけを見ない」 22
04 信頼されるリーダーは「会社がやってほしいことを実行する」 26

2章

部下のやる気を引き出す育て方

01 あなたの職場では誰が主役ですか？ 32
02 「優しさ」と「甘さ」を勘違いしていませんか？ 34

03 ただ指示するだけになっていませんか？ 36
04 やってみせれば動いてくれると思っていませんか？ 38
05 任せたつもりが放任になっていませんか？ 40
06 できないことだけに目がいっていませんか？ 42
07 できないことを責めて委縮させていませんか？ 44
08 下からアイディアが上がらないと困っていませんか？ 46
09 「まずやってみなさい」と言っていませんか？ 48
10 自分の思惑を入れた資料を部下に作らせていませんか？ 50
11 部下の不平不満を排除していませんか？ 52
12 目に見えるスキルだけで評価していませんか？ 54
13 あなたが何を評価し、評価しないか、伝わっていますか？ 56

3章 部下が自ら動く伝え方

01 やることだけ伝えていませんか？ 60
02 自分の想いだけ伝えていませんか？ 62
03 「べきだ」で部下を突き放していませんか？ 64

04 部下が1を言う前にあなたが100言っていませんか？ 66
05 答えられない質問をしていませんか？ 68
06 最初からダメ出しモードで聞いていませんか？ 70
07 否定から入っていませんか？ 72
08 部下のせいにしていませんか？ 74
09 部下をほめていますか？ 76
10 部下に謝ったことがありますか？ 78
11 部下に相談していますか？ 80
12 あなたの言葉の重さはどのくらいですか？ 82

4章 部下にも上司にも一目置かれる仕事術

01 部下に任せられなくて困っていませんか？ 86
02 報告書のウラにあるものが見えていますか？ 88
03 生の情報が入ってきますか？ 90
04 部下から話しやすい人になっていますか？ 92
05 机にへばりついていませんか？ 94

06 自分は現場のことをよく知っていると思っていませんか？ 96
07 指摘ばかりしてくる部下にむかついていませんか？ 98
08 部下と同じことをしていませんか？ 100
09 部下を味方にしようとしていませんか？ 102
10 リーダー自らがチャレンジしていますか？ 104
11 部下のために上司と戦っていますか？ 106
12 あなたと上司との関係を見られていることに気づいていますか？ 108
13 あなたに率直に意見を言ってくれる人はいますか？ 110

5章 「ダメ上司」と言われないための思考術

01 あなたの言いなり部署になっていませんか？ 114
02 部下があなたの顔色ばかり見ていませんか？ 116
03 あなたと部下の言動が似てきていませんか？ 118
04 強がっていませんか？ 120
05 弱いところがあってはいけないと思っていませんか？ 122
06 愚痴ってはいけないところで愚痴っていませんか？ 124

07 何でも人事のせいにしていませんか？ 126
08 決めつける人だと言われたことがありませんか？ 128
09 人にレッテルを貼って見ていませんか？ 130
10 自分に貼られたレッテルに困っていませんか？ 132
11 本質まで変わろうと悩んでいませんか？ 134
12 立場を柔軟に上げ下げしていますか？ 136
13 組織の歯車になりたくないと思っていませんか？ 138
14 職場を照らす陽の光を遮っていませんか？ 140

6章 ギスギスしない職場を作るチーム術

01 職場がギスギスすることを怖がっていませんか？ 144
02 仲良しクラブになっていませんか？ 146
03 思いつき意見が飛び交っていますか？ 148
04 多様な意見が出るとまとまらないと思っていませんか？ 150
05 笑い声が出る会議ですか？ 152
06 あなたのプレゼンに質問が出ますか？ 154

07 個別ミーティングに偏っていませんか？ 156
08 衆知が集まらず困っていませんか？ 158
09 あなたのチームのミッションは何ですか？ 160
10 決めたルールが守られず困っていませんか？ 162
11 事務仕事を掌握していますか？ 164
12 仕事の流れで物事を考えていますか？ 166
13 他部署との協力関係ができていますか？ 168
14 今の職場のイキイキ度は何点ですか？ 170

7章 結果を出す組織を目指す問題解決術

01 大物を狙って失敗していませんか？ 174
02 決めたことが最後までやり切れず、曖昧になっていませんか？ 176
03 相手を論破できる自分はリーダーシップがあると思っていませんか？ 178
04 部下があなたの的当て議論をしていませんか？ 180
05 部下があなたが求める答えに過敏になっていませんか？ 182
06 部分最適な見方になっていませんか？ 184

07 問題の原因をハードとソフトに区別していますか？ 186
08 成功でなければ成果ではないと思っていませんか？ 188
09 部下への関心と業績への関心、何割ですか？ 190
10 本気で課題に取り組もうとしない部下に困っていませんか？ 192
11 ムリに問題を言わせて空振りに終わっていませんか？ 194
12 「なぜなぜ」で本当の原因を見逃していませんか？ 196
13 「誰が」に注目しすぎて真実を見失っていませんか？ 198
14 やらない理由を「もっともだ」と受け止めていませんか？ 200

8章 部下のホンネを引き出す コミュニケーション術

01 部下のホンネがわからないと悩んでいませんか？ 204
02 「さん」で呼ぶ狙いを知っていますか？ 206
03 直接やり取りできない関係になって困っていませんか？ 208
04 なぜ部下の机が汚いんだろうと思ったことはありませんか？ 210

9章

職場を変えるリーダー6人の事例
――同調圧力に負けない組織を作る

01 「べきだ」と正論を言う職場を変える 222
→他人の問題から逃げないリーダー

02 長時間労働に不満を言わない職場を変える 228
→改善を実行するリーダー

03 嘘やごまかしで組織を守ろうとする職場を変える 234
→古い体質を壊すリーダー

04 お客さまより自社を優先する職場を変える 240
→自部署の利益だけを追わないリーダー

05 「自主性」という言葉が独り歩きしている職場を変える 244
↓プロセス改革を成功させたリーダー
06 目標が絵に描いた餅になっている職場を変える 248
↓「安全第一」を実行させたリーダー
おわりに

イラスト◎大野文彰
装幀・本文デザイン◎二ノ宮匡(ニクスインク)
本文ＤＴＰ◎マーリンクレイン

1章

信頼される中間管理職に必要な3つの心得

01

カッコいいリーダーを目指さなくてもいい

「今日からリーダーをやってくれないか」と言われたあなたは、会社から認められたという喜びと同時に、「メンバーは私の言うことを聞いてくれるのだろうか？」「さっきまで仲間としてやってきた同僚は、リーダーとして認めてくれるだろうか？」「周りから妬まれるのではないだろうか？」など、不安がよぎっているかもしれません。

これまでに上司をうまく説得できなかったことや、他部署とのスケジュールの調整やトラブル対策でうまくいかなかったことなど、うまくいったことよりうまくいかなかったことばかりを考えて、「やっぱり自分にはムリじゃないか」「断ろうか」と考えているかもしれません。

周りをぐいぐい引っ張るようなこともできないし、人前で話すことが苦手でプレゼンテーションスキルもない、他人を論破できる話もできない……等々、挙げればキリがないほど、マイナスのことばかり溢れてくるかもしれません。

でも、安心してください。会社から「リーダーをやってくれないか」と言われたあなたは、慎重な人、誠実な人、責任感の強い人、心優しい人と見られています。ただ、あなた自身が自覚していないだけかもしれません。

あなたがはっきり自覚していなくても、あなたのよさはしっかり認められています。**「この人ならリーダーとしてやっていける人」と認めているから、あなたを信頼し、リーダーをお願いしたのです。**

自信満々の、イケイケの、カッコいいリーダーじゃなくていいんです。あわてず、無理せず、逃げずに、部下や上司と向き合ってください。

これは、「はじめに」でもお伝えしたように、中卒サラリーマンとしていすゞ自動車で中間管理職を経験し、風土改革コンサルタントとして数えきれない中間管理職の方との出会いから、私が断言できることです。

1章では、そんなあなたが信頼されるリーダーとして、より成長していくための3つの心得をお伝えします。

02

信頼されるリーダーは「聞く」

リーダーとして心得ておくべき3つのポイントのうち、1つ目は、**自分の考えを言う前に、部下が考えていることを聞く**ことです。

中間管理職になると、部下や上司、他部署との話し合いが今までより確実に増えます。その話し合いがうまくできなければ、中間管理職としての役割を果たせないばかりか、板挟みで苦しむことが増えるのです。

「他人の考えを聞くなんて当たり前だろう」と思うかもしれませんが、相手の意見を制して一方的に自分の意見を言う人が多いように思います。若い人よりたくさん年を重ねた人、失敗経験より成功体験のほうが多い人、組織の中で立場が低い人より高い人、話が苦手な人より得意な人に多く見られる傾向です。

逆に、自分に自信がない人や、初めてリーダーを任された人は、自分の考えで動いてもらわなければ自分の立場がなくなると焦るあまり、一方的に自分の想いや考えを押しつけようとする人も少なくありません。

かく言う私も、コンサルタントの現場で、お客さまと最悪のやり取りになってしまったことがあります。

ある企業の営業部門の担当役員から、「営業所のオフサイトミーティングでどんな話が出るのか知りたい。その場で改善したいようなことが出て、我々ができることがあれば協力したい」という依頼がありました。

それに対して、私の同僚コンサルタントは、「それはダメです。上の役職者がいるだけで意識してホンネで言えないし、気楽にはなれません」と返しました。

その担当役員は、「どうしてですか！　やってみなければわからないではないですか」と返してきました。それに対して同僚は、「いやあ、それはダメですよ。私たちの経験から言うと、上の人が入るとホンネで言えなくなるんですよ」と、また返しました。

「参加したい」「ダメです」と繰り返ししているうちに、担当役員は「これは我々の活動で、あなたたちのために活動しているんじゃないですよ！」と、最悪のやり取りになってしまいました。

「それはダメです」と言ったコンサルタントは、これまでの経験から同じような失敗を経験してほしくないという気持ちから言ったことですが、相手も全否定されるような言い方をされては面白くないに決まっています。

オフサイトミーティングに、役員など立場が上の人が参加したいということはよくあります。この場合は、もしホンネで言えない場になると思っても、いったん受け止めるべきだったと思います。

「そうですね。そういう考え方もありますね。じゃあ、最初に入っていただいて、場の雰囲気が役員を意識してホンネが出にくい感じでしたら、そのときは席を外してもらいましょうか」などと返せば、参加したいと言った人も冷静になって、「私ももうちょっと考えてみます」というやり取りになったはずです。


あなたの職場でも同じようなことが起きていませんか?

部下が、明らかに今期の予算でやるには無理な提案を持ってきたとします。そのときに、内容も聞かないで「予算がないからダメだ」と返すと、部下は「予算がないのは知っているけど、提案内容がよければ、どこからか予算を捻出してくる。それが上司の仕事じゃないか」と思いながら、口には出さず無言で帰っていくかもしれません。

こんなときは、上司も部下の様子を見ていますから、なんとなくスッキリしないものです。そして、そういうことを何度か繰り返していると、部下は最初からあきらめて提案を上げなくなってしまいます。

この場合は、部下から提案が出てきたら、まずは内容を聞き、「確かに、これをやったら効果が出るよね」と返す。その次に「今期は予算が少ないので来期に回せるだろうか？」と提案してきた部下に相談するといいでしょう。

部下の話をただ聞くだけではなく、**受け入れる姿勢で聞く**ということが大事なポイントです。

03

信頼されるリーダーは「結果だけを見ない」

2つ目は、**結果だけを見ない**ということです。

もっと言うと、部下だけの責任にしないことです。「部下の責任になんかしていない」という人がいると思いますが、本当にそうでしょうか？

部下の責任にしている人は、意外と少なくありません。

また、責任、責任と言うけど、責任があるから頑張るのではないか、そんな甘いことでは部下からなめられる、と考える人もいるでしょう。

しかし、どんなこともその結果に至るプロセスがあります。日々の部下の行動で明るくイキイキしてやっているのか、暗い顔で不安そうにやっているのか、上司のあなたも見ているはずです。その日々の部下の行動を見ている上司にも責任があります。

できたかできなかったか、出来栄えはよかったのか悪かったのかという結果だけを見ていると、部下は責任を感じてしまいがちです。上司としては、部下だけの責任にしているという認識はないかもしれませんが、実質はそうではないのです。

「これやっておいて」「できた？」「なんでできなかった」だけでは、部下から見ると、「私だけの責任にしている」となってしまいます。

結果が出なかった理由には、もともと部下の力量では無理だった、やることに納得できなかったので力が入らず手抜きをしてしまった、プライベートなことで心配ごとがあって集中できすミスをしたなど、何か原因があるはずです。

私のクライアント先でもこのようなことがありました。

「あなたが担当だからやるべきだ」と言われて引き受けた仕事。当初は納得できましたが、時間が経つにつれて、その仕事をやることに疑問が出てきたりするものです。

本当は関係部署と連携しながらやらないとできない仕事だったのですが、自分が納得していないために関係部署を説得できず、最後は関係部署の反対で中止になりました。

「なぜ、これをやらなければならないんだろうか？」と疑問を持ったままでは、真剣に取り組めないし、相手も説得できないのは当たり前です。納得してやっているのかどうか、その人の態度や途中のフォローで早く気づいて支援するなどして、目的を達成させることが上司の責任です。

また、部下の発した言葉だけで判断しないことも大切です。

ある営業所の例ですが、上司が部下に「君にこれをお願いしたいんだけど」と言ったところ、即、「できません」という返事が返ってきました。上司は「なんだ、私からの指示を断って。困った部下だ」と受け止めて、他の人に頼むことにしました。

しかし実は、この部下の「できません」という言葉の裏には、上司には言っていませんでしたが、親の介護をし始めたという事情があったのです。

会社に来ていても親のことでいつ呼び出されるかわからず、これ以上仕事を増やしたくないと思っていたので、「できません」と言ったのです。

「できません」と言われたときに、上司も部下の事情を知っていたら、「そうか。心配だな」と声をかけたかもしれません。そうすれば、上司の部下に対する評価もまた変わっていたはずです。

部下がなぜそういう言い方をするんだろうかと、その言葉を発するに至った理由にも目を向けましょう。今、部下に「結婚しているの？」「家族は？」「一人で住んでいるの？」などと聞くと、たちまち「セクハラだ！」と言われたりする難しい世の中になりました。

しかし、その人が持っている能力が発揮できないのは、私生活の不安定が原因かもしれません。であれば、その人のためにも、ある程度はプライベートに触れてもいいのではないかと、私は思っています。


上司の仕事は、部下に課題を割り振って結果だけを管理するだけではありません。

課題に取り組む過程や、部下のモチベーションにも着目し、達成に向けて支援する責任が上司にはあります。そして、それができる人が、部下からも会社からも信頼されるリーダーなのです。

04

信頼されるリーダーは「会社がやってほしいことを実行する」

3つ目は、部下の力を100%以上発揮してもらうために、**「会社がやってほしいこと」に「個人のやりたいこと」を重ねる**、ということです。「会社がやってほしいこと」を伝え、部下が何をやりたくて会社に入ってきたのかを聞いて、部下とよく話し合ってほしいと思います。

年も経験も重ねた人や、自分の能力に自信がある人の中には、会社が重点的に取り組みたい課題とは違う、自分が得意な仕事を勝手に増やすなど、と自分勝手なふるまいをする人もいます。新米管理職に自分の仕事を管理されたくない、という想いもあるのでしょう。

私がいすゞ自動車のグループ会社の、通訳と翻訳を専門とする事業部で英語のプロたちと仕事をしたときの話です。通訳や翻訳の仕事をメンバーにアサインしたときに、快く受けてくれるときと、しぶしぶ受けるときがありました。しぶしぶ受けてもらったときは、「本当にいい仕事をしてくれるんだろうか」と心配でした。

私は英語ができませんでしたので「嫌なら私がやります」とも言えず、何が不満なのかメンバーに聞いてみました。それでわかったのは、ほとんどのメンバーが高いレベルの同時通訳者を目指しており、そのための会社に入ってきたということ。できるだけ翻訳の仕事は減らして、同時通訳や逐次通訳の仕事を増やしたいというのがホンネでした。

しかし、メンバーの希望は通訳の仕事といっても、翻訳業務を誰かがやらなければなりません。そこで、通訳翻訳事業部の役割は、いすゞ自動車の海外展開がスムーズに行なえるよう、英語を含めた外国語に関する通訳・翻訳を支援する使命があることをもう一度確認しました。そして、各メンバーのやりたいことを出してもらって一覧表にし、会社のやってほしい業務と重ねてみることにしました。

その結果、Aさんは自分が目指す同時通訳のレベルアップには通訳の時間が足りないので、その分を夜間の通訳専門学校に通ってカバーすることにしました。通学日は早く帰ることを許可し、その日は翻訳の仕事を多めに入れることにしました。

もう1人のBさんは、結果に納得できず、別の翻訳会社に移っていきました。

初めて職場をまとめる立場になったら、「会社がやってほしいこと」をきちんと示し、その上に「個人がやりたいこと」を重ねてみてください。

それを一覧表にして、「会社がやってほしいこと」と「個人がやりたいこと」が広く重なるようにするにはどうするかを話し合うようにすれば、年上の人、力量が上の人も冷静に判断し、自分の役割を考えてくれるようになり、あなたの下で活躍してくれるようになります。

多くの職場では、やりたいことがあって会社に入ったというより、生活のために入った人や、会社に入ることが目的だった人も少なくないと思います。

そういうやりたいことや目的もなく入ってきた人たちを目の前にして、どうリードしたらいいのか悩むのは当然ですが、そのような人に対して見方を変えて、「**どんなことでもやる可能性の広い人**」だと見てあげられたら、少しは気が楽になりませんか。

新人には、「会社がやってほしいこと」をしっかり伝えて仕事に取り組んでもらうことで、働く意味や仕事の面白さ、自分の強みを発見し、その過程でどういう仕事を目指すのかを幅広く考えていけるようにリードするといいでしょう。

「会社がやってほしいこと」に「自分がやりたいこと」を重ねることができない人は、職場を変えるか、違う会社に転職することも、お互いにとって幸せな選択肢だと思います。

そのときは自分一人で解決しようとしないで、上司と人事を巻き込み、冷静に判断してくれる人を入れて話し合うことだと思います。

1章では、初めて人をまとめる立場になったときに心がけてほしい大事なことを、3つ挙げました。次章から、場面別・問題別に「部下や上司とうまく協働するための知恵」を具体的に解説していきます。

私自身が管理職として得た経験と、25年間の風土改革活動で出会った管理職が実践しているノウハウです。今からすぐにムリなく使えるワザばかりです。自分の悩みや、今、職場が抱えている問題に当たる項目から読んでみてください。

2章

部下のやる気を引き出す育て方

01

あなたの職場では誰が主役ですか？

↓ 部下を主役にするのが上司の役割です。

スポンサーと言うと、一般的にはＴＶ番組に流れるＣＭやスポーツ大会を金銭的に支援する人や団体などを指しますが、企業におけるスポンサーはリーダーです。**部下が主役になって課題に取り組める環境を作る**ことが、上司の重要な役割です。

一般的には、指示する側が主役のように注目され、部下にはあまり光が当たりません。しかし、部下が主役意識になれるようなサポートをすると、今まで以上の力を発揮します。

ある種苗業の企業では、製造、品質管理、技術、営業の四者で「苗品質向上ミーティング」を毎月やっていました。今までは品質管理の課長が仕切っていて、部下のＡさんは案内書の作成や出欠の確認、会議室の手配、当日のプロジェクターや必要機材の設置などをやっていました。会議が始まると、Ａさんを含め、製造や技術、営業から来ている担当者は課長たちの後ろに座って、話し合いを聞いているだけでした。

あるとき、品質向上ミーティングが終わって、Aさんや各課の担当者たちで後片付けをしながら雑談していました。その雑談の中で、「ミーティングがマンネリ化していて、いつも同じ品質不良の話が出ているよね。もっと事実に目を向けた本音の話し合いが必要じゃないか。会議室で考えていてもダメで、実際に品質問題が起きているお客さまのところに行って話を聞いたほうがいいと思う」という話が出ました。

そういう雑談をしたのを忘れていた頃、Aさんの上司に、「一度、担当者に品質向上ミーティングを主催させてみないか。どんなやり方でもいい。我々が側面から支援するから、やってみてほしい」という話が部長からありました。

以前、雑談していたことがどこからか部長の耳に入ったのです。

そして、Aさんや担当者たちが雑談で話していたことを実際にやってみました。場の進行や、お客さまの会議室を借りる交渉も含めて、担当者たちで行ないました。

結果は、原因を的確に捉えた対策が品質向上につながりました。その後の品質向上ミーティングは現場に近いところで開催し、事実に目を向け、本音の話し合いができるようになりました。場づくりも課長たちは支援側に回り、担当者クラスが主体となって進めるようになりました。部下たちが主役になるような支援をしたリーダーの成功例です。

02

「優しさ」と「甘さ」を勘違いしていませんか？

↓「仕事に厳しく」と「人に優しく」で部下を育てましょう。

最近の若者はちょっと厳しくするとすぐに辞めてしまうと聞きますが、部下育成では**「仕事に厳しく、人に優しく」**、**この2つのバランスが育成のコツ**です。

教育や環境づくりもせずに、「なぜ、言われたことができないのか」と厳しく指摘すれば、部下はやる気をなくすのは当たり前です。指示したことができるように教育し、できなかったときには曖昧にしないで、時には厳しく指導します。これは、私が支援している企業が、創業時からとても大事にしている部下育成の考え方です。

ある営業所に、売上目標に届かないAさんがいました。そのAさんは業績が悪いので当然のようにボーナスの評価も最低でした。目標に届かいことに対して「どうしたら目標を達成できるか一緒に考えようか」という指導もしないで、上司も周囲も、その最低の評価は当然だと受け止めていました。

あるとき、Aさんの上司の課長が変わりました。新任の課長は毎月、目標に届かないAさんに、「Aさん、目標に届かないのはなぜだと思いますか？　特にAさんだけの目標値が高いわけではないのですよ。どうしたら達成できるか一緒に考えませんか」と正面から向き合いました。その結果、Aさんがお客さまとの会話が苦手だということがわかりました。Aさんは、予定していた点検や修理を終えると、報告もそこそこに帰っていたのです。

本来なら、お客さまと雑談しながら新商品などの話をすれば、次の提案につながり、お客さまの問題解決のために効率のいい商品などを売るきっかけにもなったはずです。

Aさんは同僚たちとの会話も少ない人でしたので、課長は自分のことを話す練習も兼ねて、職場でワイワイガヤガヤと雑談をする「ワイガヤミーティング」を始めました。その結果、Aさんは徐々にお客さまと会話できるようになりました。もともと技術に強い人だったので、お客さまの技術問題の解決もできるようになり、取引額が増えていきました。

「仕事には厳しく、人に優しい」とは、むやみにほめたり、感情的に叱ったりすることではありません。できていないことを曖昧にしないで、真正面から向き合い、一緒に考えることが「仕事に厳しく」、そして、できない理由や苦手な部分を改善できるように協力することが「人に優しく」です。このバランスが大事なのです。

03

ただ指示するだけになっていませんか？
↓「やらせる側」と「やる側」の関係を作らないほうがいいですよ。

誰でも他人から指示されてやるのはいい感じがしません。できれば自分で決めて動きたいものです。人は自分で目的を持つと進んで動きますが、**目的もわからず、ただ「やれ」と言われることには抵抗を感じる**ものです。

たとえば、スポーツ選手が行なうトレーニングがあります。

自分で持久力がないなと思って、毎日グラウンド20周走ることを始めました。20周はとてもきつく感じましたが、自分が表彰台に立つことを想像しながら黙々と続けました。

一方、コーチから「君たちの中で規律を乱す者がいた。罰としてグラウンド20周だ！」と言われて走らされました。中には20周はきつくて吐きながら走った選手もいました。

自分で目的を持って20周走るのはトレーニングですが、罰として20周走るのはトレーニングではなく「しごき」です。このしごきは、筋力にはいい効果をもたらさないそうです。もう1つ例を挙げましょう。私はゴルフをしませんが、ゴルフ好きのサラリーマンは多いですね。ゴルフの話になると、いつもは上司の指示命令で仕事をやらされて元気がない人も、目を輝かせて話をします。

クラブを変えてみたらどうだったとか、スイングを変えてみたなど、自分で考え、いろいろな工夫をしながら練習し、本番で試してみる。その結果を次に練習で繰り返す……。仕事と違って、やらされ感はまったく感じません。

このゴルフも、グリーン上で誰かから一打ごとに指示され、クラブも指示されて、というものだったら、こんなに夢中にならないはずです。自分で目的を持って、考えて、工夫して、試して、結果が出る。だから、夢中になるのです。

仕事でも同様です。部下に「1日10社訪問しなさい」と指示するときも、何のために訪問するのか目的だけを伝えて、訪問の仕方は部下に任せると、やる気を高めることができます。

つまり、課長と部下はやらせる側、部下はやらされる側の関係を作らないほうが、事前にお客さまのことを調べたり、目的に合った訪問の仕方を工夫をするなど、考える力が身につくようになります。

04

やってみせれば動いてくれると思っていませんか？

↓「やってみせる」は定石ですが、万能ではありません。

マネジメント研修で話し合うと、必ず「率先垂範」ということが出ます。山本五十六の「やってみせ　言って聞かせて　させてみて　ほめてやらねば　人は動かじ」という言葉と同義のものです。

しかし、多くのリーダーが率先垂範して部下をリードしようとしますが、**「やってみせる」では部下は動かないときもあります**。やってみせても、「それは課長だから、できたんでしょう」「時間も権限もあるから、できたんでしょう」と、自分がやれない理由にされてしまうからです。

ある空調設備会社の営業部門では、顧客へ省エネ商品を積極的に提案しようと課内に指示しましたが、課員が動きません。強く言うと、陰で「課長がやるわけではないから」という声が聞こえてきます。仕方がないので、課長自らが何軒かのお客さまを訪問し、省エネ商品購入の契約を取ってきました。

しかし、部下からは、「課長という肩書を見せれば、お客さまも信頼して購入してくれるのは当たり前だ。課長ができたからといって、私たちにもできると考えないでもらいたい」というような反応です。

実は、部下たちが省エネ商品をお客さまに勧めることに消極的だったのには、理由がありました。部下たちは省エネ知識に乏しくて、うまくお客さまに話ができなかったのです。課長は部下の「課長がやるわけではないから」という陰口に反発するように、「じゃあ、やってみせればいいんだろう。やる気があればできるんだ」と短絡的に考えていましたが、大きな間違いだったというわけです。

その後、お客さまの省エネ活動に貢献するために、課内で省エネの勉強をし始めてから、部下たちも積極的に省エネ商品を売るようになりました。

課長が売ってみせれば部下も売ってくるという単純な見方では、真実を見落としてしまいます。なぜ、お客さまに売り込みをしないのか、真実に目を向け、お客さまに勧める自信がないのは勉強していないからだとわかれば、勉強会を開催したり、セミナーに参加させるなど、上司のやるべきことは変わってきます。

05

任せたつもりが放任になっていませんか？
↓
途中のフォローを大事にしましょう。

部下に任せるときには、**「途中経過を必ず報告すること」と部下に指示して任せる**ことです。「君に任せるよ」と言って仕事を渡すときに、期限まで一度の報告も相談もしないで、結果が最悪だったということにならないように指示しておけば、安心して任せることができます。

たとえば、新入社員の現場実習の計画立案において、「あなたに任せるから、どのようにやるか、製造部と相談しながら計画書を○日までに作ってほしい。ただし内容は、昨年は現場での実習時間が短すぎたという感想が多かったので、それを踏まえて計画を作ってくれ」と担当者に指示しました。

作成の期限まで一度も中間報告や相談もなかったので、出来栄えが少し気になり、「どう、できた？」と言って、今年度の新入社員工場実習計画案を見せてもらいました。出てきた計画書を見てみると、現場実習期間は昨年と同じ、内容もほとんど昨年と同じものでした。

上司は「これじゃ昨年と同じじゃないか、現場実習期間も昨年と同じ日数になっている。昨年は短かったという感想があったのに、それが反映されていない。なぜなの？」と少し厳しく言いました。

すると部下は、「現場実習については製造部に相談しましたが、工場実習期間を長くすると生産に影響があるからだめだと断られました。それに、現場実習計画の作成については課長が任せるからと言いましたよね」と開き直るように返してきました。

確かに上司は任せると言いましたが、指示した内容にまとめることができないときには、部下は相談してくるだろうと思っていました。しかし、期限まで一度も相談しないで、できた計画も課長が期待した内容にはなっていませんでした。

上司は席にいないことも多く、いちいち報告するのは面倒だと思いがちです。各メンバーが担当している課題の進捗報告会を定期的に開いたり、上司から「どうなってる？」と日常的に声掛けをするようにしましょう。

06

できないことだけに目がいっていませんか？
↓
できないことではなく、できない環境に目を向けましょう。

部下のできないことだけに目を向けていませんか？　なぜ、できないのか、その背景や環境について注意してみてください。

できない理由には、その人の経験不足やスキル不足といったこともありますが、もう1つ、取り巻く環境にも原因があります。**その環境は、上司であるあなたが解決してあげる必要がある**場合があります。

たとえば、課長の下に3人の主任がいました。各主任には4人から5人の部下がいました。3人の中で常にA主任だけが売上目標が未達で問題になっていました。

課長は、「彼には部下をまとめる力がないのではないか。一度、主任の役割から外してマネジメント研修を受けさせよう」と考えました。そのように決めてから、念のために本人と数時間面談して、何が問題かを探ってみたところ、意外な背景がわかりました。

3人の主任のうち、他の2人の主任の担当業務は、それぞれ単独でもできる業務でしたが、目標が未達のA主任の担当する業務は、他の主任の協力を得なければできないものでした。ところが2人の主任は、自分の課題を優先して、ほとんど彼に協力していないことがわかったのです。

A主任からも2人の主任に、お客さまの情報の共有や共同提案など協力してくれるように働きかけていましたが、強制力がないので、あまり強くは言えなかったのだそうです。

早速、課長はA主任と他の2人の主任との協力の仕方について話し合いを行ないました。その結果、これまでより協力姿勢が強くなって、A主任チームの業績も少しずつ目標値に近づいていきました。

この例は、部下のできないことだけに目を向けていたら、解決できなかった問題です。もちろん、課内の協力関係に問題があるとわかった時点で、主任たちが気づいて自ら協力し合うことが理想ですが、そうはいかない場合も多々あります。

問題の原因は部下個人とは限りません。環境に要因があるとすれば、課長が主導して改善に取り組む必要があります。

07

できないことを責めて委縮させていませんか？

↓

できないことを責めないで一緒に考えましょう。

部下が成長し成果を出し続けるには、「なぜできないか」と責めるのではなく、一緒に考えることが大事です。

結果を気にするあまり、つい、なぜできないのかと責めたくなりますが、部下にはできない理由があるはずです。**責めれば責めるほど委縮し、できないことは自分の責任と考えるばかりになります**。また、責めることで、部下は突き放されたような気持ちになってしまいます。

たとえば部下に、お客さまに新たに提案する企画書を作成するように指示しましたが、期日までにできた企画書は提案の幅が狭く、期待したものではありませんでした。

課長は「なぜ満足なものができないんだ」とできないことばかり責めます。部下は「すみません。見直します」と言って持ち帰りますが、数日経っても、やはり期待した内容ではありませんでした。

課長は再び「これではだめだ。なぜできないのか」と責める口調で叱っています。

部下とのやり取りを見ていた部長は、「課長、あなたは経験が豊富で視野も広い。だから課長でもある。あなたの部下は経験も少ないし、あなたより視野が狭いのは仕方がない。視野の狭さはあなたが補って一緒に考えてあげたらどうですか」とアドバイスしました。

アドバイスされた課長は、部下に「一緒に考えてみようか」と話をして、部下が提案したいことに、課長から見たお客さまが要求していることを盛り込み、企画書をまとめ提案しました。その結果、お客さまに提案した企画がそのまま採用され、部下は高く評価されたということです。

「これではだめだ、なぜできないのか」と責めたい気持ちを抑えて、一緒に考える機会、育成する機会だと捉えれば、お客さまからの高評価という結果も出て部下の育成にもつながります。一石二鳥の効果というわけです。

08

下からアイディアが上がらないと困っていませんか？

↓

部下の考えやアイディアを引き出すために「井戸の呼び水」を使いましょう。

部下の意見やアイディアが出ないと悩んでいる人が多いと思いますが、上司から「たとえば、こんな考えやアイディアがあるよ」と出してあげると、**それが〝呼び水〟となって部下から意見やアイディアが出やすくなります**。

最近は身近に見なくなりましたが、昔は、手でこぐポンプ式の井戸がよくありました。一度ポンプ内に溜まっていた水が落ちると、いくらこいでも水は上がってきません。そのときは〝呼び水〟を入れると下に落ちた水が再び上がってきます。

部下の意見やアイディアも同じです。

部下から意見やアイディアが上がってこない場合、井戸水をポンプで汲み上げるのと同じように、上司から「たとえば……」と意見やアイディアを呼び水として示すと、部下からの意見が出やすくなります。

こういうことがあります。新任課長が事務所のレイアウトを変えようと課内に意見やアイディアを出してほしいと言いましたが、お互いに顔を見合わせているだけで何も出てきませんでした。この課は、長い間リーダーシップの強い上司がいました。仕事の仕方やルールづくりなどは上司の指示でやっていたので、自分たちから意見やアイディアを出す機会がほとんどない職場だったのです。

新しい課長は、絶対に押しつけにならないように言い方に十分気をつけながら、「たとえば、こんな配置ではどうかな？」と、そんなの絶対にありえないでしょうと思えるアイディアを出しました。

すると部下たちは、その程度のアイディアなら自分でも出せると受け止めて、さまざまな配置案を出すようになりました。

この事例のように、上司がアイディアを出すことがきっかけになって、部下からも意見が出るようになる、ということはよくあります。自分たちから意見やアイディアを出すことに慣れていない職場を変えるためには、効果的な方法です。

09

「まずやってみなさい」と言っていませんか?
↓
できない理由を全部並べてもらいましょう。

部下が「こういう理由でできません」と言ってきたとき、**多くの上司は「できない理由を言うな、まずやってみろ」と言いますが、これは精神論で逆効果**です。まずは「できない理由」を全部並べてもらいましょう。

部下がいろいろな理由を並べて「だから、できません」と言ってきたときには、「やらない」と自分で決め、こういう理由なら上司も納得してくれるだろうと考えて報告してきています。できない理由を拒否しないで、いったん受け止めることが必要です。

できない理由を全て出してもらうと、逆に、どうすればできるのかが見えてきます。できない理由の中には、部下でもできることや、できない理由にはならないもの、上司でなければ解決できない理由もあるかもしれません。そのときは、**「部下がやること」**と**「上司」**

がやることを決めて取り組むようにします。

ある事務課の課長が、課内の業務の進捗をPCの画面で課員全員が見えるようにして、誰かが仕事が遅れていたら支援できるようにしようと課内に提案しました。数日後、部下から「検討しましたが、できません」と返ってきました。

課長は「わかりました。検討してくれてありがとう。では、できない理由に挙がった項目をこのホワイトボードにすべて書き出してください」と指示して書き出してもらいました。書き出してもらったことで部下たちの力量もわかりましたし、確かに部下の力だけではできない項目もありました。

そこで、課長はホワイトボードに挙がったできない理由を一緒に見ながら、「システム関係については、情報システムに支援を依頼します。時間の確保については、今期取り組む改善項目の優先順位を変えます。あとは皆さんができると思いますが、どうですか？」と課員に投げかけました。すると、課員も「それならできます」と納得してくれました。

「できない理由を言う前に、まずやってみなさい」という精神論ではなく、できない理由を具体的に全部書き出してもらうことで、部下の力量でもできる内容か、課長のあなたが支援しないとできない内容が含まれているかがわかります。上司のあなたがやることと、部下がやることを分担することで、仕事が一気に進むようになるでしょう。

10

自分の思惑を入れた資料を部下に作らせていませんか？

↓ 報告資料は報告する人が作りましょう。

部長に報告する資料を部下に作らせ、自分が伝えたい思惑と違うと言って、自分が納得するまで何度も作り直しをさせるくらいなら、**報告する本人が自分で資料を作ってください。**

なぜなら、報告したいことが本筋からかけ離れていなければいいはずですが、**思惑が違うからと何度も作り直しをさせるのは、部下に無駄なことをさせている**のと同じです。

たとえば、部内会議で担当している課題の進捗報告をしたいのですが、予定より遅れているとします。

この場合、報告の本筋は「予定より遅れています。理由はこうです。挽回策はこうです。最終的には遅れを取り戻せる予定です」ということです。これなら事実ですから、部下も一緒に課題に取り組んでいるので、報告資料を作成することはできます。

しかし、「遅れているということをはっきりと言いたくない」「報告の仕方で遅れてもいないし、進んでもいないという報告にしたい」という思惑があるなら、それは自分で作成するのが最もいい方法です。思惑は本人しかわからないからです。

もちろん、ありのままに報告することが一番ですが、大げさに言えば、**思惑が含んだ報告は誤った経営判断を引き起こすかもしれません**。

もし報告書の内容などで思惑があるのなら、部下を巻き込んではいけません。部下の貴重な時間を無駄使いしてはいけないのです。

11

部下の不平不満を排除していませんか？

↓

部下の不平不満はエネルギーだと見ましょう。

「うちの部下は不平不満ばかり言って困る」というのは、上司の定番の愚痴かもしれません。部下は、「こういう仕事の仕方をしたいけど、できない」と思っているから、不平や不満として口に出すのです。

見方を変えれば、部下は今の状態に安住せず変化を求めているということです。**リーダーが「一緒に改善しよう」という気持ちに変えることができれば、変化を起こすエネルギーになります**。私が長年、風土改革の現場で見てきた「改革の起点」も、「こうなりたいけど、なっていない」という不満からでした。

ある営業課では、「うちの設計課は営業のことを、お客さまの御用聞きだと馬鹿にしている」「設計の技術力不足を営業の受注の仕方の問題だといって、ちょっとでも無理な納期だと頭からダメと拒否するのはおかしい」という不満を言う部下が何人かいました。また、不平や不満は言わないけれど、納得できない表情で仕事をしている部下もいました。

あるとき、営業会議が早く終わったので、課長が「少し雑談しようか」と部下に言いました。すると、「うちは『お客さま第一』と言っているのに、お客さまに一番近い我々が設計課の顔色を見ながら仕事をしなければならないのはおかしいですよね」「苦労して取ってきた受注を、設計はこんな短い納期はダメと簡単に拒否するんですよ。おかしいじゃないですか」という話が口々に出てきました。その話に乗るように、今までおとなしく不平や不満を口に出さなかった部下も、「私もそう思っていました」と言い出しました。

課長は「確かにそうだね。どうしたらいいと思う？」と部下が不満げに言ったことを否定しないで認めるように言いました。最初に「おかしい」と言った部下が、「一度、設計と話をさせてくださいよ。お客さまの声や我々の苦労を聞いてもらいたい」と言ってきたので、設計の課長にお願いして、話し合いの場を作りました。

それがきっかけとなって設計と営業がお互いの苦労を理解できるようになり、営業から設計への仕事の流れが以前よりスムーズになりました。「こんな短納期はダメ！」と一方的に断るのではなく、まず話を聞こうという姿勢に変わってきたのです。

このように、不平不満を改革・改善のエネルギーに変えるのも課長の役割です。

12

目に見えるスキルだけで評価していませんか？
↓ 部下の行動特性を知って役割分担を決めましょう。

本章2項でお伝えした部下のように、高い技術や知識を持っているのに、お客さまとの交渉ができなかったり、チームをまとめることができなかったりすることがあります。人には目に見えない行動特性があります。部下の行動特性を把握し、その行動特性に合った役割を与えると力を発揮します。

人間には**生まれながらにして身についている行動特性と、育成することで身につく行動特性**があります（参考：『正しいコンピテンシーの使い方』、㈱ヘイコンサルティンググループ、PHP研究所）。

リーダーの役を担ってもらいたいと思っても、もともとリーダーシップという行動特性が弱い人には不向きで、メンバーをリードしていくことは難しいのです。

ある企業の事例を紹介しましょう。研究開発部門で特命課題担当課長職に就いた課長が、各課から選抜された8名のメンバーで難しい課題に取り組み、成果を出すことに成功。彼がどうやって課題を進めたのか、課題発表会で紹介することになりました。

ところが、8名のメンバーの顔は知っている人も知らない人もいました。顔を知っている人も、今までどういう仕事をしてきたのか、何が得意なのかわからない状況です。

そこで彼は、メンバー一人ひとりと面談をして、これまでの成功体験などを聞きながらメンバーの行動特性を探り、その行動特性に合わせて役割を決めることにしたのです。

リーダーシップという行動特性のある人にはチームのリーダーを、達成指向性という行動特性を持っている人には課題の進め方や戦略を練る役割を、顧客指向性という行動特性のある人には関連部署との調整役、その他の専門性や分析思考力という行動特性のある人にはそれぞれ課題推進に必要な業務を担当してもらったとのことでした。

このように、メンバーの行動特性に注目して役割を決めることで、さらにチーム力を高め、より高い成果を出すことが可能になります。

13

あなたが何を評価し、評価しないか、伝わっていますか？

↓評価基準は誤解されやすいので、常に確認しましょう。

部下は、あなたが何を重視して評価しているか、**日々のあなたの言動から評価基準を推測しています**。特にあなたが思いつきで言ったことなどは、誤解されることが多いので要注意です。

「うちの課の評価基準を教えてください」と、評価について、部下から公然と質問しにくいものです。「評価を気にする前にちゃんと仕事をしろよ」などと言われるんじゃないかと思ってしまうからです。部下は公然と質問ができない分、上司の日々の言動から、「こういう仕事をした人が評価されるらしい」と仲間内で推測します。そうして、雑談から生まれた評価基準が独り歩きしていくのです。

たとえば、受注生産型のメーカーの設計課の例です。受注した製品に合わせて設計を行なう職場ですが、設計業務の遅れや設計ミスがたびたび起きていました。課長は設計業務の遅れの原因に、設計ミスや日程管理の甘さを指摘して、「もっと緊張感を持ってやるように」と指示しますが、設計業務の遅れは改善されませんでした。

課内で何度か話し合っているうちに、一番大事な製品の設計業務より自社の仕組み改善業務を優先するときがあることがわかりました。特に期末の評価時期になると、その傾向が強くなるようです。

仕組み改善業務が優先されるのでは、設計業務が遅れるのは当たり前です。そこで、なぜ仕組み改善業務を優先するのかと聞くと、「だって、うちの課は通常の設計業務はやって当たり前。仕組みの改善業務が大事なんだと、課長が日々言っているじゃないですか。だから設計業務が遅れても、仕組み改善業務を優先するんです」と驚くべき答えが返ってきました。

部下から、誤解されていたのです。早速、その誤解を解くために課内に評価の考え方を説明し、質問を受けながら理解してもらえるようにしました。

このように、企業には「自分の評価をうんぬんする前にちゃんと仕事をしなければならない。ちゃんと仕事ができるようになってから評価のことを言うべきだ」という風潮があります。評価基準などは公に議論しにくいため、誤解されやすいのです。

3章

部下が自ら動く伝え方

01

やることだけ伝えていませんか？
↓
「これをやりなさい」の前に「何のためにやる」を先に伝えましょう。

部下や他の人に仕事を頼むときには、**何をやるのかを説明するのに1割、その目的や背景を伝えることに9割**の時間を使ってください。つまり、「これをやってください」よりも、「何のためにやるのか」を十分に説明してください。

なぜなら、背景や目的を十分に伝えずにやることだけを伝えると、「言われたことだけをやる、考えない部下」「言われた通りにやるだけで、私には責任はありませんという無責任な部下」になってしまいます。

たとえば、事務所のお客さまを迎えるカウンターにモノが置いてあったので、「Aさん、これを片付けておいてください」と言ったら、Aさんはカウンターの上にあるモノを片付けました。しかし、上から下におろしただけ、しかもお客さまの見えるところに乱雑に置いただけでした。

上司は「Aさん、ここはダメだよ。お客さまの目についてしまって不快な思いをさせてしまうよ」と注意すると、Aさんは「片付けてくださいと言われたので片付けましたが……」という返事でした。

別の日に「Bさん、カウンターにモノが置いてあります。片付けてください。お客さまを迎えるカウンターが物置になっていては不愉快な思いをさせてします。気持ちよくお迎えしたいからね」と言われたBさんは、カウンターからモノを片付けるだけでなく、お客さまの目につかないところに移動させ、なおかつ、カウンターがホコリで汚れていたのできれいに拭き、小さなコップに水を入れて道端に咲いていた花を一輪飾りました。

このように、言われたことだけやればいいと考えると、何の工夫もしないどころか、目的に合わない片付け方をします。背景や目的がわかれば、それに合わせて気遣いや工夫をしようとするものです。

02

自分の想いだけ伝えていませんか？

↓

自分の想いを伝える前に部下の想いを聞きましょう。

自分の想いを伝えようと多くの時間を使っても、何も伝わりません。上司の言っていることは言葉ではわかりますが、「私たちの気持ちや状況もわからない人が何を言っているんだ。できるわけがない」と拒否反応が先に立って、受け止めたくないという気持ちになるからです。

ですから、部下の苦労や大変さを理解するために、まずは自分が話す前に、部下の想いを先に聞いてください。

たとえば、新期の課の目標と計画、自分の計画を伝えたいと思ったとき、しかも、その目標が今までより高い目標の場合は、部下は「俺たちの苦労もわからないでよく言うよ」と耳をふさいでしまいます。**このような白けた受け止め方では、高い目標に取り組むのは**

とうてい難しいことでしょう。

しかし、先に部下の想いや現場で苦戦していることなどを聞いていれば、「私たちのことをわかってくれている人」と見られるようになって距離感も近くなります。そして、「今度は上司の話を聞いてみようか」という雰囲気に変わり、新期の課の目標と計画、課長としての想いも伝わりやすくなるはずです。

すると、「高い目標だけど、私たちのこともわかったうえで掲げた目標だから挑戦してみよう」と前向きに受け止めるようになるのです。

自分の考えや想いを伝えなければと焦る前に、ひと呼吸おいて、まずは部下の想いを先に聞くように心がけてみてください。

キャッチボールで相手がグローブをあげてキャッチできる態勢を作るには、まず相手にボールを投げさせることです。

03

「べきだ」で部下を突き放していませんか？

↓

的確な指示をしているつもりでも、突き放しているのです。

「べきだ」という言い方は、一緒に考えることを拒否しているように受け止められます。なぜなら、立場が上の人から「べきだ」という言い方をされると、**「他に選択の余地はない。やりなさい」という突き放された受け止め方をされる**のです。

たとえば、仕事が予定通りにいかなくて悩んでいるときに、「予定通りに進めるべきだ。計画通りに進めるのが君たちの役割じゃないか」と言われた部下は、「なんだ、できないから一緒に考えようとしているのに、課長は突き放しているのか」と受け取るのです。

このようなことはありませんか。

課内で若手の改善活動が下火になっていることを問題だとして主任たちが集まって話し合っていました。1週間に1時間、自分たちの仕事について話し合って、その中からテーマを見つけて改善しようというのが課の方針でしたが、できていませんでした。

そのことをなんとかしようと主任たちが話し合っていたところに、課長が顔を出して「君たち主任から指示して時間を取らせればいいじゃないか」と言いました。

主任たちは部下に多くの仕事をやらせているので、改善活動の時間が取れない理由をよく知っていました。だから、どうしたらいいかを話し合っていたのです。部下たちに「時間を取って改善の話し合いをしなさい」と指示しただけでは解決できないから、話し合っていたのです。

主任たちで話し合った結果、課として優先する課題を再度見直して、改善時間を確保することにしました。

課の課題の優先順位は課長とも相談しなければなりません。後日、主任たちが「どうせ課長も関わるんだから、『べきだ』と突き放すような言い方をしないで、最初から一緒に考えてくれればいいのに」と言っていたと課長の耳に入ってきました。

このように、「べきだ」という言い方は、立場が上の人が言うと、突き放したように受け止められるので要注意です。

04

部下が1を言う前にあなたが100言っていませんか？

↓まず部下の話を聞きましょう。

どんな名医でも、患者の話を聞かないと適切な判断や治療ができません。**推測だけでは誤った治療をすることになる**からです。

これは、リーダーも同様です。たとえば、部下がお客さまに納めた製品の故障を直せず、困っていたとします。課長は、このままではお客さまの信頼をなくしてしまうと思って、部下に「どうした」と声をかけ、状況を説明するように言いました。

部下が課長にこれまでのいきさつを話し始めて1分も経たないうちに、「ここが原因だよ。この部品を交換すれば直るよ」と交換する部品まで指示しました。

しかし、課長が指示した部品を交換しても、同じ故障が起きてしまいました。お客さまに今度は絶対に直りますからと言った手前、部下は大きな恥をかいてしまいました。同時に、上司の指示通りに部品を交換したのに同じことが起きて、上司に対して怒りのようなものを感じました。

経験豊富な上司の指示だから故障原因を断定して部品を交換しましたが、部下は、それが原因ではないのではないかと思っていました。実は、課長には言わなかったのですが、お客さまから故障する前に、設備から「シュシュシュ」という音が聞こえるという情報を得ていたのです。

解決してからわかったことですが、「シュシュシュ」という音が聞こえたのは、故障する寸前にある部品が熱で膨らんで、回転部分と接触していたことが原因でした。また、熱で膨らんだのは熱変形しやすい樹脂を使っていることが原因でした。

修理も一段落したところで、課長がその部下に設備の運転中の状況をよく調べておくようにと注意したところ、部下は「そのことも話そうとしたのですが、課長が話をし始めて遮られ、何も言えませんでした」と返してきました。

このように、上司は経験豊富なのですぐに対策案が頭に浮かびますが、名医でも患者の話をよく聞かないと適切な判断や治療ができないのと同じように、**部下の話をよく聞くことは適切なマネジメントに欠かせない行動**です。

05

答えられない質問をしていませんか?
↓「誰か、何かないか?」という質問はNGです。

会議などで意見や感想を引き出したいときに、「誰か、何か意見や感想はありませんか?」はNGです。

「誰か」ではなく、「○○さん、どうですか?」と指名し、「何か」ではなく「○○についてどう思いますか?」と、何を質問しているのかをはっきり伝えるといいでしょう。

「誰か」と言われたときに、部下たちはお互いに様子見をして、自分以外の誰かが言うだろうと、「私ではない」と思うので誰からも答えが返ってきません。また、「何か意見はないか」と言われても、どのレベルのことを聞かれているのかわからず、何を言えばいいのか窮してしまいます。

しかし、指名されると発言がしやすくなります。それは、**「指名されたから私は発言す**

るのであって、目立ちたいわけではない」という言い訳もできるからです。

また、「○○についてどう思いますか？」と言われると、求められている内容が絞りやすくなります。「誰か、何かないか？」だと、部下たちは「時間もないから誰も何も言うなよ」という意味に受け止めている可能性もあります。

たとえば、いつも課長ばかり話をしている課内会議などでも、課長はひと通り話した後に「何かありませんか」と言いますが、シーンとした無言の状態が続き、最後に課長が「では、これで終わります。お疲れ様でした」と締めてしまいます。

そして、「誰か、何かないか？」への返答は、タバコ部屋か自販機の前など、上司のいない場で始まるというわけです。

無意識に「誰か、何かないか？」と言っている人は意外に多いものです。聞く側も特に知りたいことがないけれど、一応、形式的に「何かないか」と聞いていることも多いと思います。

今日話した中で大事なことがどう伝わっているか確認したいのであれば、指名して「営業方針を変えることになったけど、どう思うか？」と具体的に聞くなど、工夫が必要です。

06

最初からダメ出しモードで聞いていませんか？
↓ まず「いいね」と返すようにしましょう。

部下からの提案をしっかり聞いて、**最初に発する言葉は「いいね」**と言ってください。

なぜなら、「いいね」と言われて怒る人はいませんし、「いいね」と言われると「受け入れてもらえた」と安心すると同時に、あなたに心を開き、次のあなたのコメントを待つようになります。

そうなれば、次のあなたの「この提案はこう変えたほうがいいと思うけど」というコメントも素直に受け入れてくれます。

私が一緒に仕事をしている株式会社スコラ・コンサルトでは、そこで働いている多くの人が第一声で「いいね」という言葉を返します。「いいね」はスコラの口ぐせのようになっています。

あるとき、新しく入ってきた人が、「スコラ内のコミュニケーションの関係性を『見える化』するために、こんなツールを使って調べてみたいと思います」と提案しました。当然、「いいね」の言葉が返ってきました。その次に、提案内容について多くの質問が飛んできましたが、新人とは思えないような態度で明るく自信を持って返していました。

提案した新人さんは、「いいね」と言ってくれたのに、矢継ぎ早に質問を受けて最初はショックを受けたということですが、「いいねと言ってもらったことで、否定されないという安心感と、ちょっとだけ勇気をもらいました」と言っていたそうです。

このように、最初の「いいね」のひと言は効果があります。

最初から提案内容に質問攻めするよりも、まずは「いいね」と言ってから質問すると、安心して答えることができますし、質問する側も先に「いいね」と言っているので、やるということを前提に前向きな質問ができるようになります。

07

否定から入っていませんか？

↓まず「そうですね」と受けてから、「私の意見は」と返しましょう。

相手が部下でも上司でも、あなたが自信のある意見や考えを持っていても、まずは「そうですね」と受け止める。そして、次に「私の意見ですが」「私の考えですが」と返すと、相手もあなたの意見や考えを聞いてくれます。

最初から否定する返し方をすると、相手もあなたの話を聞いてくれません。なぜなら、相手が言ったことに対して、最初から「それは違うと思います」と反論されると、あなたに対して対抗意識が強まり、あなたの意見など聞こうとしなくなってしまうからです。

最初にあなたが「そうですね」と言うと、「認めてくれた」と思い、次はあなたの話を聞こうかという気持ちになります。

たとえば、私が改革支援のシナリオをお客さまに説明すると、当然ですが、いろいろな意見をいただきます。賛成していただくこともありますが、意見が違うこともあります。違う意見に対して、「そうではないんです。その理解は違いますよ」などと言ったら、「なぜ違うと思うんですか?」と、違うと言ったことに対するやり取りになってしまい、改革支援のシナリオを一緒に作り込んでいくことができなくなります。

こういったやり取りになってしまう人は、自分なりに議論が得意と勝手に思っている人に多く見られます。

いくら自信のある意見や考えを持っていても、まずは「そうですね」と受け止めること。**違うところより共有できるところを探る**ことが大切です。特に部下とのやり取りでは意識してほしいと思います。

08

部下のせいにしていませんか？

↓

部下が動かないのは理解されていないと考えましょう。

なぜ、私の方針の通りに動いてくれないのかと悩んだり怒ったりする人がいますが、**部下の理解状況を見ずに、一方的に自分のやりやすい方法でしか伝えていない**可能性があります。

自分は伝えたつもりでも、一人ひとりの理解できる方法が違います。

たとえば、今期の課の方針は、「これまでの業界の慣習から抜け出して、新たなやり方に取り組もう」だったとします。しかし、多くの課員はこれまでのやり方を変えようとしませんでした。

なぜ、やり方を変えようとしないのか聞いてみると、課員の多くが方針をよく理解していないことがわかりました。

部下の思考回路はそれぞれ違います。Aさんは資料を読んで理解する人です。Bさんは直接、話のやり取りをして理解する人です。Cさんは自分の仕事に関係する例で説明されないと理解しない人です。Dさんは具体的に自分がどういう課題を担当するかまでかみ砕いた説明がないと理解しない人です。本当に十人十色です。

したがって、課の中で資料を作って説明しただけでは、Aさんは理解しますが、Bさんはやり取りの量によっては半分の理解、他のCさん、Dさんは理解できないままとなります。

このように、部下があなたの思っているように動いてくれないと思ったら、「なぜ動いてくれないんだ。ダメな部下たちだ」などと批判しないで、まずあなたが言っていることがよく理解されていないと考えてみてください。

09

部下をほめていますか？

↓ ただほめるのではなく、あえて他部署の人の前で部下をほめましょう。

日本人の美意識として、身内を謙遜して悪く言う人は少なくありません。しかし、上司として自部署の人間をへりくだって言うのは損な行動です。**むしろ他部署の人の前で、特に会議の場で部下をほめる**ようにしましょう。

他部署の人は、あなたの部下の能力は断片的にしかわからないので、上司が言ったことをその人の本当の能力と思ってしまいます。ほめれば「課長から評価されている人」と見ますし、けなせば「課長から評価されていない人」と見てしまいます。

たとえば、関連部署の人を集めて生産計画会議が開かれたとしましょう。生産ラインの負荷が急に高くなってきたので、どうするか相談が始まりました。

課長は、自分の職場の生産計画を担当しているA君が、過去のこのような状況のときに関連部署との連携を図る要となってまとめてくれたことを紹介しました。実際はミスも多く、本人も自信を失っていたのですが、いいところを取り上げて「彼はとても優秀です」とほめました。

その後の生産計画会議で関連部署と打ち合わせをする場では、他部署の人たちのAさんに対する見方が変わっていきました。Aさんは自信を持って要としてまとめ役を果たし、高負荷生産を乗り切ることができました。

このように、上司の課長がほめたことで他部署からの信頼も上がって、部下はさらに協力してくれるようになります。他部署の人の前で自分の部下のできの悪さを言う人がいますが、それは「私は部下を育成できていません」と言っているようなものです。

10

部下に謝ったことがありますか？

↓

部下に素直に謝ることがあなたの評価を上げます。

あなたは部下に頭を下げられる人ですか？　課長としてのプライドがあるかもしれませんが、自分が間違っていたと思うなら、素直に謝ることが大事です。

管理職という立場が邪魔して、素直に自分の非を認めて謝ることができる人は少ないです。しかし、素直に謝ったほうが部下からの信頼を得られますし、**素直に謝る度量が評価されます**。

たとえば、課長が部下に「○○課のB課長に納期について調整の依頼をしているから、打ち合わせに行ってきてくれないか。向こうも担当の○○君に指示しているはずだから」と指示したとします。

指示された部下は、手持ちの仕事が遅れていたので、そんな時間はありませんでしたが、課長の指示でもあったので、後日○○課に出向きました。しかし、相手の課では、その話は聞いていないということでした。

課長は少し前、相手のB課長と事務所の廊下で会ったときに、「今度、納期について相談したいんだけど」と言ったことがありました。そのとき、B課長は「いいですよ」と言いましたが、次の会議に出るので忙しくて、何の納期なのか、お互いに確認しないで別れてしまいました。

それを課長は「納期の相談をすることを約束した」と思い込んでしまったのです。「相手の課では、納期の打ち合わせについて何も知らなかった」と課長に報告すると、「そうか、じゃ、もう一度日程を決めて相談してきてください」と指示を受けました。

部下は「課長の勘違いなんだから、悪かったという言葉ぐらいは言ってもいいでしょう。こっちは無駄な時間を使ってしまったんだから。部下のミスには厳しいけど、自分が間違っても謝りもしない」と内心で思いました。しかし、課長の指示でもあるので、しぶしぶ再度日程の調整をしました。

自分が間違っていたなら、素直に謝りましょう。そのほうがお互いにわだかまりがなくなり、気持ちよく次の仕事に移ることができます。

11

部下に相談していますか？

↓あえて部下を巻き込むのも一つの方法です。

部下からすると、すでに決まったことにはただ従うだけですが、決定の判断に自分も関わると、その後、積極的に関与するようになります。なぜなら、**決めるときに関わったことで、まったく関わらなかったときよりも責任を感じる**からです。

たとえば、会議の日程調整や準備をする事務局を決める際、これまでの慣例で、順番で決めていたとします。順番で自動的に決められるのですから、誰にも異論はありません。すんなりと決まります。

新年度が始まって課内会議がいつものように毎月開かれましたが、相変わらず会議室の机の準備やプロジェクターの設置など、事務局だけが慌ただしく動いています。他の課員は会議直前まで黙々と自分の仕事をやっています。

その様子を見かねた課長が、仕事をしている何人かに「会議の準備を手伝ってやってくれ」と頼んだら、「それは事務局の役割でしょ」という言葉が返ってきました。仕方がないので、そのときは課長が手伝うことにしました。

事務局は半年で交代するので、半年経って新しい事務局を選ぶことになりましたが、今度は順番で決めるのではなく、話し合いで決めることも含めて、「決め方を決める」ところから課員にやってもらいました。

その結果、推薦と立候補の併用で決めることになりました。すると、今までは会議の直前まで事務局だけが準備に忙しく走り回っていましたが、手の空いている課員も手伝うようになっていました。

このように、誰かが決めたことだと関心が薄くなりますが、決定に自分も関わると、決まったことに積極的に関わるようになります。

12

あなたの言葉の重さはどのくらいですか？

↓ 部下は実感すると、動きます。

著名な人の言葉から学ぶことは多いですね。しかし、その言葉をそのまま伝えても、人は動きません。

著名な人の言葉を引用しても、目の前の生身のあなたを感じることはできますが、引用した著名な人を生身で感じることはできません。だから、伝わらないのです。

たとえば、悲惨な交通事故が絶えませんが、交通事故でお子さんを亡くした親御さんが悲しみを乗り越えて、二度と悲惨な事故を起こしてほしくないと、新たな法規制の運動を起こして国を動かすことがあります。誰にも経験してほしくないこととして、子供を亡くした親が発する言葉だからこそ、大きな力があるのです。

私たちの仕事でも、たとえ経験が浅いコンサルタントでも、実践して得た手法について語る言葉には説得力があり、お客さまもそれに動かされるケースをよく見ます。それが限定的で応用性がない手法でも、**その人が実感したことを自分の言葉で語るから、人は動かされる**のです。

また、会社の改革や改善を進めやすくするためには事務局を組織しますが、事務局が外部のコンサルタントから指導された内容を、そのままコンサルタントの言葉で伝えても、現場は動きません。ですが、事務局が自ら実践して得た経験を言葉にすることで、現場が動くということはよくあります。

これもクライアント先で経験することですが、事務所で女子事務員が上司のパワハラ的な言動に困っているという話を聞いた場合、それを第三者が経営側に伝えるのと、実際に困っている当事者から出る言葉とでは、経営側に伝わる深刻さがまったく違います。

人は、実感から出た言葉で動きます。上司の言葉だから、すべて重みがあるわけではありません。部下に伝えたいことが伝わり、動いてもらうためには、相手にそれを実感してもらえるかどうかが大事なのです。

4章

部下にも上司にも一目置かれる仕事術

01

部下に任せられなくて困っていませんか？
↓
今までの仕事を部下に渡し、自分は新たな課題に取り組みましょう。

部下に任せるとミスもするし、自分がやったほうが早いと誰もが思います。確かに、部下より課長のほうが仕事ができますから、そう思うのは当然です。

しかし、そう思っていると、いつまでたっても部下に仕事を任せられないので、自分は新たな課題に取り組んで、**今までやっていた仕事を部下に渡さざるを得ない状況に自分を追い込んでしまいましょう**。

たとえば、今までの営業活動は、担当する地域を自分と部下で分担して行なってきました。その中でも比較的難しい案件が多い地区を課長が担当していました。

課長もゆくゆくは自分が担当している地区も部下に任せないといけない、いつまでも自分が同じ部署の課長でいるわけではないと思っていましたが、今のやり方が安定して売上になるので、思い切って変えることができないでいました。

新年度に入り、新しい事業を検討することになり、課長もその準備プロジェクトのメンバーに選ばれました。そうなると、営業活動をする時間は半減することになり、やむを得ず難しい案件が多い地区の担当も部下に渡すことにしました。

1カ月して、課長の担当地区を任された部下は、課長がやっていた通りのことはまだできませんが、少しずつお客さまとの信頼関係を作りながらやっていけるようになり、以前よりも成長したように見えました。

このように、口では任せると言っても、ついつい自分でやったほうが早いし楽なので、部下に任せられないでいるリーダーは多いでしょう。そんなときは、自分で新しい仕事に取り組んで、部下に任せざるを得ない状況を作るのも一つの方法です。

02

報告書のウラにあるものが見えていますか？

↓

わかりやすい報告書ほど、「本当にそうか？」という目で見ましょう。

報告書はわかりやすいに越したことはありませんが、**わかりやすい資料こそ「本当にそうだろうか？」とじっくり見る**必要があります。

なぜなら、わかりやすいということは、余分なものをそぎ落としている可能性があります。そのそぎ落としたものに大事な真実が含まれているかもしれません。わかりやすいと頭にすっと入ってきてしまうので、大事なことを見落としてしまいます。

たとえば、設備の修理報告書を部下が持ってきました。内容は、事象と原因と対策、結果と、スッキリまとまっていました。課長も忙しいので「よくできている報告書だね」とほめて確認印を押しました。

実は、報告書を作成した部下は「よくできている」とほめられましたが、1点だけ気になっていました。修理が完了したという内容の報告書にまとめましたが、異音はなくなったものの異音がした部品の温度は下がっていませんでした。しかし、その気になっている点を報告書に書こうとすると、内容が複雑で簡潔にまとめる自信がなかったので、そぎ落としてしまったのです。

後日、気になっていた通り、温度が下がらなかった回転部分で焼き付きが発生しました。実は、課長も報告書を見たときに何か引っかかるものがあり、よく確認しないでサインしたことを悔やみましたが、後の祭りでした。

私がいすゞにいたとき、同じようなことは設計現場でも起きました。今は手書きの図面はほとんどなくなり、ＣＡＤ・ＣＡＭで設計図面を書く時代、手書きの図面よりはるかに見やすくなりました。見やすさやきれいさは比較になりません。

しかし、この「きれい、見やすい」ことが、イコール「正しい」と頭が騙されがちです。その点、手書きだと誤記などもあるので上司は丁寧にチェックします。

報告書はわかりやすいに越したことはありませんが、わかりやすさだけを強調して指導をしている人は、「本当にそうだろうか？」とじっくり確認する必要があります。

03

生の情報が入ってきますか？

↓ 生きた情報を得るには姿勢は低く、アンテナは高く。

新鮮な情報をいかに得るかが、仕事の質や速さを左右します。**情報は信頼されていないと入ってきません**。高飛車な態度の人は信用も薄くなるので、相手に合わせた姿勢で日頃から信頼関係を作っておくことが必要です。また、情報に対する関心を常に示していると、自然とアンテナも高くなります。

ある事例をお話ししましょう。A課長は、自分は他部署の課長とのつき合いも多いし、上司たちともよく飲み会やゴルフで一緒になるので、経営側の情報もいろいろ入ってくると、情報入手に自信を持っていました。そのために、普段から部下たちから上がる情報には無関心だったので、いつの間にか部下たちの「生情報」は入らなくなりました。

一方、同じ部にA課長とは対照的なB課長がいました。B課長はA課長ほど他部署の課長クラスに顔は広くはありませんし、上司たちとの飲み会やゴルフなどのつき合いはほとんどありませんでした。

ただし、B課長は部下たちからの生情報が早く入ってくることを大事にしていました。そのためにまとまった情報や、確信のない生情報でもオーバーなくらい強い関心を示して聞くようにしていました。そういう**生の情報が新鮮なうちに入る**ように、部下と雑談することを大事して、情報のアンテナを高くしていました。

あるとき、他部署の課で怪我人が発生しました。部下との雑談の中で、「課長、○○課で今朝、怪我が起きたようです」という情報が入ってきました。B課長は早速、同じことが自分の課で起きないかを部下に調べさせ報告させました。

夕方、部長からA課長とB課長が呼ばれ、隣の部で怪我が起きたが、うちの部では大丈夫か調べて報告するように指示がありました。A課長は部長からの話で初めて怪我のことを知ったので、「わかりました。早速、課内で調査します」と答えました。

一方、B課長はその場で「うちの課は問題がないことがわかりました」と報告しました。

このように、新鮮な生情報が仕事の質と速さを左右します。新鮮な生情報を得るには姿勢を低く、アンテナを高く、が大事です。課長同士のネットワークや上司とのつき合いも大事ですが、下位層からの生情報が早く入るようにするのかが肝なのです。

04

部下から話しやすい人になっていますか？
↓
「結論は先に言え！」は言わないようにしましょう。

忙しい上司に短い時間でわかりやすく話をすることは大事です。そういう能力を育てようとして、部下に「結論を先に言え！」と言うのは間違ってはいませんが、**相手を見て言わないと何も言えなくしてしまう**ので、あまり使わないほうがいいでしょう。

なぜなら、部下は自分では結論が出ないので、上司と話しながら一緒に考えて答えを出したいと思っているのに、「自分で結論を出すまで話してはならない」ということになるからです。

前項で、「生きた情報を得るには姿勢は低く、アンテナは高く」と言いましたが、「結論を先に言え」は、いかにも上から目線的な物言いです。

そのような姿勢では「○○課で怪我人が出たようです」と報告したときに、「どういう状況で？　誰が？　何が原因なの？」と聞かれて、「そこまで詳しくはわかりません」などと答えたら、「もっと話をまとめてから報告してよ。私は忙しいんだから！」と、逆に叱られてしまいそうです。そういうことを想像して、「余計なことは言わないほうがいいな」と、上司に報告することをやめてしまうのです。

報告しやすい人なのか報告しにくい人なのかによって、A課長とB課長の差は行動の速さに現われてきます。

「結論を先に言え！」と指示することで、自分で考えをまとめる能力、わかりやすく相手に伝える能力を育てようという考え方は間違っていません。上司を前にしてもオドオドせず自分の意見をきちんと言える部下であれば、「結論を先に言え」はお互いの時間の節約にもなっていいかもしれません。

しかし、いい意見を持っていても上司を前にすると委縮して言えない部下や、自分の意見がまとまっていないので上司からアドバイスをもらいたいと考えている部下には、「結論を先に言え」は逆効果なのです。

05

机にへばりついていませんか?
↓
ミツバチのように職場内をブラブラしましょう。

上司は、机にへばりついていないで、意図的にブラブラする時間を作りましょう。

机に座っていては入る情報が限られてしまいます。しかも**加工された古い情報が多く、新鮮な情報が少ないので、適切な判断ができません**。

上司が自らブラブラ動くことで、新鮮な情報が入りやすくなります。

たとえば、ブラブラするのは会議などで本社や他工場に行ったときを利用します。会議が終わってとんぼ返りで帰ってくるのではなく、仕事で関連する部署に顔を出したり、たまには手土産を持って行ったりして何か情報がないか聞き出します。

ただし、相手も忙しいので、あなたも相手が関心を持ちそうな情報を持っていることが大事です。情報交換もギブ&テイクです。

また、ブラブラするには、各部門に会いに行けるネットワークを普段から作っておくことが大事です。それがなければブラブラしたくてもできません。**ブラブラできる人は、顔も広い**ということです。

製造の課長なら営業部門に顔を出して、売れ筋商品やお客さまが自社の製品をどのように評価しているか、月に1回の品質保証部からの品質情報だけでなく、旬な品質情報を知ることができれば、品質クレームに関することだったら早めに対応の準備ができます。

そういう情報を他の課長よりも早く入手できると、部下からも評価されます。

管理職になったからといって机にへばりついていないで、意図的にブラブラする時間を作り、新鮮な生の情報を仕入れましょう。

06

自分は現場のことをよく知っていると思っていませんか？
↓現場の喜怒哀楽を共有しましょう。

現場を知っているとは、生産している製品の種類や機械設備の種類、生産能力、ラインの数など、ハード面において知っているということではなく、**現場で働いている人の喜怒哀楽を共感できている**ことです。

現場の管理者になったときに「私は現場を知っているから大丈夫です」という人がいますが、知っていることを言ってもらうと、どんな製品をどんな設備で、どんな方法で、何人で作っているかなどを挙げます。しかし、それで知っていると考えて現場と向き合うと失敗します。

たとえば、製造部の改革方針として、ある課長の職場に2名の人員削減の改善指示が出ました。

課長は現在の製造現場の総人員が40名、現在の生産量、今の設備と工程を頭に入れて改善の切り口と改善計画をざっと頭の中で描いて、「できます」と部長に即答しました。

早速、課内会議で、2名を削減するための改善について話し合いをしました。課長としてはそれほど難しい改善ではないので、反対はないと思いましたが、部下たちの反応は「私たちの苦労も知らないで」というものでした。

この課はこれまで何度も、人員削減につながる改善をしてきました。そのたびに仲間が職場からいなくなりました。この課では改善をするということは、仲間をなくすことと同じだったのです。

課長はそんな現場の気持ちを理解していませんでした。

リーダーが、仕事のハード面を知っているのは当然のことです。本当に現場を知っているとは、このように、現場で働いている人の喜怒哀楽を共感できていることを言うのです。

07

指摘ばかりしてくる部下にむかついていませんか？

↓ その指摘は、「自分がやりたい」の意思表示です。

いつも「改革方針を出しているけど、掛け声だけで変わっていないですよ」と言ってくる部下がいたら、**「自分にやらせてほしい」という意思表示**だと受け止めましょう。

リーダーとしていろいろな課題を持って部下と一緒に取り組んできて、少しは改革が進んだと思っているのに、部下から「進んでいないですよ。もっとやる必要があるんじゃないですか」と指摘ばかりされると、「彼は批判ばかりで困った部下だ」と否定的に見てしまうのが普通です。

しかし、これは「自分にやらせてください」という部下のアピールです。自分ならうまくやれると思っているから、指摘してくるのです。

ある企業では、課内の業務改革を進める中で、自分の業務だけを見直して改善に取り組む人がいたり、課としての改善項目が整理されていないうちに、やりやすい改善だけをやる人がいたり、とバラバラでした。

課長もこの進め方は効率的じゃないなと思っていましたが、「今まで改善に取り組んでこなかったのだから仕方がない。まず改善に興味を示してくれて、自分ができることからでいい。これから徐々に改善の目を広げていって、最終的に課全体の改革課題に取り組もう」と考えていました。

しかし、部下の1人に改善の手法を勉強してきたAさんがいました。Aさんは課長の顔を見るたびに「改革方針が掛け声だけで、中身は少しも変わっていない」と言ってきます。それを他部署の人にも言っているということを、他の課員から聞きました。

課長はAさんに「一歩一歩進めばいいですから」と説明しますが、納得しません。困った課長は、「じゃあAさんに任せるから、やってみてよ」と言ってしまいました。

すると後日、それがきっかけになって、改善の進め方や問題の見つけ方の勉強会を開いたり、Aさんは積極的に業務改革に取り組んでくれるようになりました。本当はAさんがやりたかったのです。その後、改善の勉強会を重ね、レベルの高い改善に取り組み、小集団改善活動で社長賞を取るまでになりました。

08

部下と同じことをしていませんか？
↓ リーダーと部下の改善のレベルは違います。

リーダーが部下の改善活動に乗っかって、「うちの部署は改善に取り組んでいます」と言うリーダーがいますが、それはあくまで部下の改善です。**課長がやるべきなのは、仕組みの改善**です。

なぜなら、部下は自分たちの責任範囲での改善はできますが、他部署を巻き込んでやる仕組みや制度の改善まではできません。しかしリーダーなら、広い視野を持って全体最適の視点での改善が可能であり、それを目指すのがリーダーの改善です。

たとえば、ある部品の組み立て工場では、規定の作業工具を使って部品を組み付けているのですが、周辺の部品にぶつかってしまい、それを避けながら組み付けると多くの時間がかかるという問題がありました。

それを現場では、規定の作業工具より小さいサイズの工具を使うことで時間短縮を実現しました。部下の改善は、ここまでできればいいと思います。

しかし、このケースは改善できましたが、同じ問題は新製品が出るたびに発生していました。今回の問題は、他の部品が邪魔をして規定の工具では作業がしにくく、無駄な時間がかかるということでした。

これこそ、リーダーが取り組むべき改善です。課長はこのような問題が、「新製品が出るたびに発生している」ことや、「設計に問題がないのか」など、上流工程の仕事や、問題が起きる前に試作段階でチェックする仕組みについても見ていく必要があります。

もし、設計や事前にチェックする仕組みに問題があれば、それを改善するのがリーダーの仕事です。

このように、課長の仕事は、部下が改善に取り組みやすい環境づくりや上流工程と一緒になって仕組みの改善をすることです。部下の改善にただ乗りして安閑としていてはいけません。**課長の改善はレベルが違うのです。**

09

部下を味方にしようとしていませんか？

↓ 上司を攻撃の対象にして部下を味方にしようとしても、信頼を落とすだけです。

上司の言動の問題を部下に訴えて、**部下を自分の味方にしようとしても、部下は本当の味方にはなりません**。なぜなら、自分の一方的な見方で上司の言動を問題にして、部下の信頼や求心力を得ようとしても、一方的な見方であることが部下にわかれば、そのときは、今以上に信頼と求心力をなくしてしまうからです。

たとえば課長が、部長からお客さまへの提案資料の作成を依頼されたとします。

課長は資料提出の報告をしたときに、約束した期限に資料ができなかったことと、依頼された内容になっていなかったことに対して厳しく指摘されました。

部長の厳しい言い方は今回だけではありませんでした。課長は部下に、「また厳しい言い方をされたよ。あの言い方が問題だよ。それがみんなのやる気をなくしているんだよな」

と言い、自分が仕事の期限を守らなかったことや、依頼された仕事の内容を正確に捉えていなかったことは言いませんでした。

後日、部下が直接、部長と話す機会があったときに、課長が以前言っていた「部長のやる気をなくす言動」の一部を、部長から直接聞きました。

そこで部下は、課長が自分たちに伝えた部長の言動の問題はごく一部のことで、部長が指摘したことは間違っていないと気づいたのです。

部下たちは今まで、課長からの話だけで判断して課長に味方していましたが、「上司の言動の問題だけ取り上げ、課長としての自分の問題は棚に上げていたんだ。信頼できない」と批判的に見るようになりました。

厳しい言い方を嫌う若い部下たちを、上司の言動の問題を強調することで味方にしようとしても、それが自分に都合のいい偏った見方だとわかると、以前に増して信頼を失い、部下は離れていきます。

10

リーダー自らがチャレンジしていますか？

↓

部下にチャレンジさせるなら、あなたも難題にチャレンジしましょう。

部下に「チャレンジングな課題に取り組もう」と言うのなら、あなた自身も「これはムリでしょう」と部下が思っていることにチャレンジしてください。

部下に「チャレンジしなさい」と言っても、あなたが従来のやり方を踏襲しているなら説得力がありません。

ある企業の事例です。今までの営業の定石は、お客さまを1軒1軒、訪問するというやり方でした。毎日毎日1軒でも多くお客さまを訪問して顔を売っていくという訪問型営業で、それが業界の常識でした。

しかし、これからは業界横並びでは勝ち残っていけないと考えて、お客さまのところへ行くのではなく、逆にお客さまに来てもらう来店型営業に変えることにしました。

とても大きなチャレンジです。一歩間違えれば「お客に店に来いとはなんだ！」とお客さまからそっぽを向かれかねません。

課員の多くは、そんなことはできっこないと思っていました。全社方針でしたが、上司の部長も、「大丈夫か、体制が整うまで伸ばしてもいいよ」と言ってくれましたが、課長は「やりましょう」と決心しました。

来店型営業に切り替えて、店に来ていただいたお客さまには、営業が1人で訪問するよりも幅広いサービスができるようになりましたが、売上はやや下がり気味でした。

課長は不安でいっぱいでしたが、ここで止めると部下からは、「私たちにチャレンジと言っておきながら課長はどうなんだ」という反応が返ってくるのはわかっていたので、必死に「私がチャレンジしなければ」と継続し、それがきっかけで関連する業務の改革が進みました。

このように、時には「これはムリでしょう」と部下が思っていることに、自分が先頭に立ってチャレンジしてみせることも必要です。

11

部下のために上司と戦っていますか？

↓ 部下のアイディアを実現させるために上司を説得することも時には必要。

前項で、部下にチャレンジさせるなら、「そんなことはできない」と部下が思っていることを、リーダー自身がやってみせるといいと書きましたが、もう1つの方法として、部下の挑戦的なアイディアを実現させるために、上司を説得する行動を部下に見せるのもいいと思います。

誰もがこんなアイディアは承認されないだろうと思う提案をあえて承認し、上司が反対したら説得する姿勢を見せることです。

今までやったことがなく、上司も反対するかもしれないと思っているような案を思い切って採用すれば、リーダーの「チャレンジしよう」という本気が伝わります。また、**部下のアイディア実現のために上司を説得する姿を見せることで、あなたの本気度がさらに伝わ**

ります。

ある企業の生産技術課では、短時間で加工治具に製品を取り付ける新しいクランプ機構で、従来のボルトや油圧、空圧式ではない別の方法を模索していました。

そんなとき、新人のM君が他の業界で使っているという、カム機構を応用したクランンプ機構案を持ってきました。これまで一度も試したことがないやり方で、しかも参考にした他社の例は、小物製品の固定用に使っているものでした。

自分たちが対象にしている製品は大物かつ重量があるものだったので、課長も大丈夫だろうかと心配でしたが、「ぜひ、やりたい」という部下の熱意を感じ、承認して部長に上げることにしました。

しかし、部長から「大丈夫か？」の指摘を受け、M君は部長を説得できないでいました。そこで課長も「まず試作でやらせてください」とお願いして、部長の承認をもらいました。

結果は、成功でした。そして、その様子を見ていた他の部下たちも、その後いろいろなことにチャレンジするようになりました。

このように、部下たちのチャレンジテーマを積極的に採用し、上を説得するなどの支援をすることも、部下のチャレンジ行動を促すことになります。

12

あなたと上司との関係を見られていることに気づいていますか？

↓ **部下は上司と向き合えないあなたに力を感じません。**

部下はあなたと上司との関係を見て、あなたの力量を判断します。それがあなたの部下に対する影響力の大きさに変わります。

部下たちは、**自分たちの意見やアイディアを上に上げてほしいと思っており、それができるリーダーかどうかを見ています**。上げてくれないとわかると、「うちの課長は力がないな」と判断され、あなたの部署内への影響力は下がります。

事例をご紹介します。生産技術第一課長は技術的な知識も豊富で企画力にも優れていて、それが評価されて早いスピードで昇格してきました。

あるとき、部下が新しい考え方の生産技術を提案してきました。

課長はいい案だと思い、部長に了解を求めようとしますが、細かいところを指摘されて採用されませんでした。何度説明しても了解を得ることができませんでした。課長は「細かいところだけ指摘して、しょうがない部長だ」と思ってあきらめました。部下はあきらめた課長に対して「うちの課長は力がないな」と思いました。

もう1人、対照的な生産技術第二課長がいました。この課長は現場のたたき上げで、技術的な知識は第一課長よりありませんでした。しかし、何事も一度や二度ではあきらめない粘り強さがありました。

部下から「こんな生産技術を試してみたい」と提案されたときも、よほどダメな案でなければ部長に掛け合って、何度も説得して最後は試験的にやらせてもらいました。

部下からは「うちの課長はすごい」と評価されていましたし、困難な課題でも課長が「検討してみてくれないか」と言うと、部下たちは動いてくれました。

一度や二度ダメでも、部下のために何度でも粘り強く上司とやり取りをしている姿を見れば、部下は頼りがいのあるリーダーだと思ってくれます。逆に、「理解しない上司が悪いんだ」と言って、一度のやり取りで引き下がってくるリーダーには期待もしません。

部下は、あなたと上司がどういうやり取りをしているのかをよく見ていることを知っておきましょう。

13

あなたに率直に意見を言ってくれる人はいますか？

↓ 職場内に参謀役を置きましょう。

問題のない人、間違いをしない人はいません。管理職になったあなたにも、問題や間違いがあるはずです。

しかし、人事権を持っているあなたに問題があっても、あなたから悪く思われるとすれば、それは耳の痛い話は誰もしたくありません。ですから、あなたのやっていることに**あえて辛口の意見を言って正してくれる「参謀役」が必要**なのです。

たとえば、総務課など事務仕事ばかりしていると、製造現場で働いている人がどういう気持ちで働いているのか、何に困っているのか、実感しにくいものです。

そこで総務課長は、課員に1カ月の間、製造課で作業体験をしてもらうことを考えました。人事や製造課に了解を得たうえで、総務課内で説明を行ないました。

ところが、ほとんどの課員が反対でした。課長は製造作業体験の狙いを丁寧に説明しましたが、ますます反対の意見が強くなるばかりでした。

このとき、ベテランのＡさんが、「課長、急な提案で私もすぐに理解できません。安全面でも心配ですし、1カ月間人が抜けるので、後のバックアップ体制の準備も必要だと思います。また、1カ月という日数も必要ですか？」と正面から反対意見を述べました。

その結果、もう一度、製造体験について話し合うことを決めて解散しました。

その後、Ａさんは課員との立ち話やタバコ部屋など課長がいないところで、「課長の説明はうまく伝わらなかったけど、こういうことを伝えたかったんだよ」と話しました。

みんなの前では反対側に立っていましたが、課長のいないところでは、課長の考えをもっと理解してくれるように動いてくれていたのです。

このＡさんの取ったのが参謀役の行動ですが、実は、職場には「逆参謀」の人がいます。それは、課長が製造体験の提案をしたときに、課長の前では「いいと思います」と賛同するような意見を言っていながら、課長がいないところでは「そんなことを言ったって、できっこないよな」と言って課長の足を引っ張る人です。

Ａさんのような、表向きにはあなたに辛口な意見を言い、裏では味方となってあなたの想いを伝えてくれる人を作ることが、リーダーとして信用を高める大事なステップです。

5章

「ダメ上司」と言われないための思考術

01

あなたの言いなり部署になっていませんか？

↓リーダーの思考の幅で組織の幅が決まります。

上司の言いなりで動く部下が多い部署は、**部下が何人いても仕事の幅はリーダーの思考の幅で限定されてしまいます**。

上司の言いなりに動くことで、考える力や多彩な視点が封印されて、上司１人の知恵でしか仕事ができなくなります。

具体例をご紹介します。ある製造メーカーで、市場の多様化により多品種少量の需要に変わってきたため、今後の営業戦略を課内で話し合うことになりました。

最初にリーダーが市場の変化や売れ筋商品が変わってきたことなど、戦略を話し合うのに必要な情報を提供しました。

そして、部下たちに「今後の戦略について、皆さんの意見を聞きたいと思う。まずはざっくばらんに、何でもいいから気楽に言ってほしい」と投げかけました。

しかし、誰からも意見が出てきません。そこで一人ひとり順番に意見を出してもらいましたが、戦略というより、目の前の課題を出し合うだけでした。

その後、何回か戦略をテーマに話し合いましたが、結局、リーダーが普段から考えていた案を並べただけで、課員の考えや知恵が詰まった戦略を練るには至りませんでした。

いつも上司の指示命令だけで動くように訓練された部下たちは、考える力や多彩な視点を失ってしまいます。自ら考える力を失った部下が何人いても、組織としての思考の幅は課長1人の思考の幅に限定されてしまうのです。

逆に言えば、部下の考える力や多彩な思考を活かせば、リーダーの思考の幅は多彩な部下の思考の幅に広がっていくということです。

02

部下があなたの顔色ばかり見ていませんか？

↓ 上司の言動の影響は、あなたが思っている以上に大きいと自覚しましょう。

会社の雰囲気を作っているのは、その会社のトップだと言われます。

同じことはあなたの部署にも言えるかもしれません。あなたが「うちの課は守りの言動が多い」と思っているとすれば、それはあなたの日々の守りの言動を部下が真似しているのかもしれません。

部下はあなたの顔色を見ていて、あなたの言動に合わせようとします。あなたも、あなたの言動と合わない部下より、合う部下を好む傾向があるはずです。それを部下は見ているから、合わせようとするのです。

たとえば総務課に、工場内に貼るイベントのポスターの掲示許可印を製造課の人がもらいに来たとします。そのイベントのポスターは遊び心いっぱいのデザインで、今までにない感じのものでした。

総務担当者は、「もっと真面目な内容にしてほしい。これまでそのような絵柄のポスターを現場に貼った前例がない」と掲示許可印を押しませんでした。

この担当者の判断には理由があります。上司である総務課の課長は、「工場はちょっと気をゆるめると必ず事故が起きるから、厳しくしないとだめだ」「それは今までやったことがないからダメだ」というのが口ぐせだったのです。

そんな中、新たな試みが好きな人が総務課長になりました。

製造課では、社員のモチベーションを上げたいと、夕方、近くのスポーツセンターでフットサルをやる計画を立て、総務課に予算の補助申請をしました。

製造課としてはダメ元で申請したのですが、あっさり予算がついたので、びっくりしました。新しい総務課長は、常日頃、新鮮な物事に関心を示すので、それが総務担当者に影響していたのです。

このように、上司の普段の言動が新しいことに否定的な傾向が強いと、部下の多くは守りの言動になり、新しいことに取り組むことを好む言動が多い上司の下では、部下も新しいことを受け入れる言動に変わります。

03

あなたと部下の言動が似てきていませんか？

↓ 上司が上のせいにすると、部下も上のせいにします。

上司が「上が決めないから」「上が反対するから」と、何でも上のせいにしていると、部下も「上が……」と、あなたのせいにして行動しなくなります。

前項でもお伝えしたように、いつも上のせいにしているあなたに対して、部下は「上の思惑に従うことを大事にする人なんだ。上の思惑以外のことはやってはいけないんだ」と、あなたの思考・行動を真似するようになるのです。

たとえば、課長が部下の主任たちに対し、「社員たちが意見やアイディアを出しやすくするためにどうしたらいいか考えて提案してほしい」と指示したケース。

1人の主任は、「1週間に一度、アイディア出し場を設ける」という案を出しました。他の主任たちは、いいねと言ってくれましたが、最後に「今は忙しいから課長は反対するんじゃないかな」という意見が出て、没になりました。

もう1人の主任から、「視点を変えるために異業種の人と交流してみよう」という案を出ましたが、「課長は大げさなことは嫌いだからな。それに、外に出ると交通費が発生するから反対されるよ」と、これも没。

結局、いろいろなアイディアが出ましたが、最後は「課長がどう思うか」のひと言で何も決まりませんでした。

以前、課長を交えたミーティングで、コピー機がたびたび故障するので、新規に買うのではなくリースにして新しいコピー機に替えてはどうか、という意見が出たときに、課長の「部長が何と言うかな、きっと反対されると思う」というひと言で没になったことがあり、その経験が引っかかっていたのです。

このように、**リーダーが「上が……」と上司のせいにすると、部下たちも「課長が……」と上司を持ち出してやらない理由にします**。部下が何でも「課長が……」と言っていたら、自分の言動を見直す必要があるかもしれません。

04

強がっていませんか？

↓

弱みを見せられる人のほうが強い人です。

自分の弱みを平気で見せている人ほど強い人です。逆に**弱い人ほど自分の弱みを隠そうとして強がります**。

自分の弱みを隠そうともしない人は、自分という太い木の幹があり、弱い部分は枝葉だと思っています。枝葉の弱い部分を見せることで他人に警戒心を与えず、多くの仲間ができます。また、弱い部分は周りが助けてくれるので、1人ではできない仕事もやり遂げることができます。

たとえば、今までになく高い目標に取り組むことになった場合、部下の力も最大限に発揮してもらう必要があります。

あるリーダーは、このように最初から弱みを見せました。

「今回の目標は、今までのやり方を越えたアイディアが必要です。私も経験がありません。以前、今回のような新しいことに取り組んだときには、自分だけの力でなんとかしようとして失敗しました。

こうすればうまくいくという確信は持っていません。私は、これまで個人プレーのスタイルで仕事をしてきたので、チームとして知恵を集めるのが苦手なんです。

部下の力を集めるのが苦手なんて、それでも課長かよ、と思うかもしれませんが、技術的なアイディアは自信がありますので、協力してください」

この最初の言葉があった後、今までは「お手並み拝見」という部下の受け止め方が、主体的な取り組みに変わっていきました。結果、ギリギリのところでしたが、目標を達成することができました。

強くリードしていくのが上司の役割と考えている部下たちに、「実はチームをまとめるのが苦手です」と言うと、部下がついてこないのではないか、と心配する人がいると思います。しかし、頼りない課長のほうが部下たちがまとまることも多いのです。

どんな状況であれ、目標を達成することができれば、それはリーダーであるあなたの力です。

05

弱いところがあってはいけないと思っていませんか？

↓自分にないものは他の人の力を利用しましょう。

自分の弱いところを、部下や同僚の能力でカバーできる人は力がある人です。

自分の弱いところを冷静に判断し、他人にオープンにする勇気や、他人の力を利用する能力のある人は真の力がある証拠です。

ある製造メーカーの生産技術課の課長が、鉄板の反発力を利用したチャック（加工品を固定する治具）を作ろうと考えましたが、自分には鉄板の反発力を計算する知識はありませんでした。部下は高学歴の機械工学を勉強した人たちばかりだったので、彼らにとっては簡単な計算ですが、できない自分は恥ずかしいと思いました。

しかし、知らないんだから仕方がないと開き直って、部下の力を借りることにしました。

「Mくん、こういう治具を作りたいんだけど、この鉄板の厚さから反発力を計算してくれないかな。俺、わからないんだよ」

このように頼んでみたところ、部下は「課長、できました」と、いとも簡単に計算してくれました。

その結果、今までにない構想の治具ができ、部下も自分を頼りにしてくれた課長に対して距離感が縮まったということです。

管理職だから何でもできる、ということはありません。

自分にない能力を部下から借りれば、自分の能力以上のことができます。**自分の力と部下の力を掛け算したものが、真の自分の力**です。大いに部下の能力を使わせてもらいましょう。

06

愚痴ってはいけないところで愚痴っていませんか？

↓

部下に弱みを見せても、大事なことで愚痴るのはNGです。

上司だって人間ですから、弱いところもあります。それを隠す必要はありませんが、**弱みを見せることと、愚痴ることは違います**。

部の方針に合わせて全部員が一体となって課題に取り組んでいこうとする大事なときに、管理職という立場の人が、部下の前でその方針を否定するように愚痴るのは、組織の足を引っ張ることになります。

ある情報系企業での話です。部署として改革の方針を決めるために、部長と課長クラスが主体となって多くの時間を使って議論しました。各課はその改革方針に沿って課の課題に取り組みます。

A課長は部の方針に沿って課の課題を考えなければなりませんが、課長になったばかりで課員に反対されるのではないかという不安があり、課題を決めて課員をリードし、推進していく自信がありませんでした。

そこで、自信がないことを隠さず、弱みを見せて一緒に考えてもらおうと、「部の改革方針なんだけど、私は完全に納得しているわけではないんだ」と言ってしまいました。弱みを見せることは間違っていませんでしたが、言ってはいけないことを言ったのです。

その話を聞いた課員たちは、「課長に協力して一緒に考えよう」とはならず、「なんだ、課長たちみんなが納得していないんだ。それなら、そんなに真剣に考えなくてもいいかもしれない」と受け取ってしまいました。課長の期待とはまったく違った受け止め方をされてしまったのです。

自分がリーダーとして納得していないなら、部の方針を決めるときに納得できるまで議論することです。そして、決まったことには、それを決めたリーダーとして、**部の方針を自分のモノとして部下に伝えていく**責任があります。

部下に弱みを見せることと、部下の前で愚痴ることを混同しないように心がけましょう。

07

何でも人事のせいにしていませんか？

↓

部下を持った瞬間からあなたも人事の一員です。

異動や出向など、部下にとって受け入れにくい話をするとき、「人事が言ってきたから異動してほしい」などと人事のせいにする人がいますが、部下を持った瞬間からあなたも人事の一員になったと心得てください。

人事は異動や出向の手続きをしているだけで、その前に、必ず上司のあなたが承認しているはずです。したがって、**承認しているあなたも人事の一員**と言えるのです。

たとえば、設備保全課から優秀な人を1人、営業部門に出してくれないかと、人事部を通して依頼がきました。

課長は優秀な人を出せということに対して、自分の職場だってもっと人がほしい、せっかく育てたのに、という気持ちがありましたが、代わりの人を補充してくれるとのこと。

愛読者カード

書名

◆ お買上げいただいた日　　　　　　年　　　月　　　日頃
◆ お買上げいただいた書店名　（　　　　　　　　　　　　　　　　）
◆ よく読まれる新聞・雑誌　（　　　　　　　　　　　　　　　　）
◆ 本書をなにでお知りになりましたか。
1．新聞・雑誌の広告・書評で　（紙・誌名　　　　　　　　　　　　）
2．書店で見て　3．会社・学校のテキスト　4．人のすすめで
5．図書目録を見て　6．その他（　　　　　　　　　　　　　　　　）

◆ 本書に対するご意見

◆ ご感想

●内容	良い	普通	不満	その他（　　　）
●価格	安い	普通	高い	その他（　　　）
●装丁	良い	普通	悪い	その他（　　　）

◆ どんなテーマの出版をご希望ですか

<書籍のご注文について>

直接小社にご注文の方はお電話にてお申し込みください。宅急便の代金着払いにて発送いたします。書籍代金が、税込1,500円以上の場合は書籍代と送料210円、税込1,500円未満の場合はさらに手数料300円をあわせて商品到着時に宅配業者へお支払いください。

同文舘出版　営業部　TEL：03－3294－1801

本人にとっては転居を伴うし、営業経験もないから大変だと思いましたが、将来、もっと大きな仕事をするにも営業を経験しておいたほうが本人のためだと思い、1名優秀な人を選びました。

しかし、いざ部下を目の前にすると、営業経験は将来のためになると思いながらも、家族がいるから転居が大変だと知っているので、「私が人選したので営業に行ってほしい」とは言いにくいものです。

そこで課長は、「人事が言ってきたから、異動してほしい」と言ってしまいました。それを聞いた部下は、「人事は人の人生を何だと思っているんだ！　本当に人事は冷たい」と人事部を悪く言います。しかし本当は、上司である自分が最終判断をしたのです。

このように部下を持つと、部下や家族にとって生活環境がガラリと変わるような出向や異動、人事処遇など発生しますが、部下を持った瞬間から自分も人事部と一緒に検討や決断をすることになるので、自分も人事の一員になったと思わなければなりません。

08

決めつける人だと言われたことがありませんか？

↓ 違う見方があることを受け止めましょう。

自分の考え方に自信を持っている人は、「今の問題は、これが原因ではないですか？」と仮説で言ったつもりでも、部下たちからは「決めつけて見ている人だ。私たちの見方を受け止めない人だ」という見方をされて、部下と歩み寄れないことがあります。

なぜなら、自分の考え方や軸を持っている人の発言には強さや説得力があり、それが災いして違う見方や意見を抑えてしまうからです。そんな人は、相手からの見方や意見が出ないから自分の意見が通ったんだと思わないで、相手の見方や意見を抑え込んでいるかもしれないと考え、他者の違う見方を受け止めて議論することが必要です。

たとえば、これは私が実際に体験したことですが、風土改革の支援先の経営トップの方から、「手塚さんは、私たちのマネジメントの問題はこうだと決めつけて見ています。私たちは毎日、社内の状況を見ているのです」と言われて、ビックリしたことがあります。一方的に決めつけることなく支援してきたつもりだったので、とてもショックでした。

しかし、「決めつけた見方はしていません」と否定しても始まりません。**相手が決めつけた見方をしていると感じているのは事実**なのですから。

ではなぜ、決めつけた見方をしていると思われたのでしょうか。一部の人の意見や職場で起きている出来事を聞いただけでは、それは氷山の一角かもしれないし、その人だけの問題かもしれません。なので私としては、まずは仮説を挙げてから、あとはいろいろな見方や事実を交えて、真の問題を見いだせばいいと思っていました。その仮説が、「コンサルタントがこう言っている」と押しつけに思われたのです。

その後、「私の見ていることは一部のことかもしれないし、氷山の一角ということもありますので、あくまで仮説として受け止めてください。間違っているかもしれませんので、違う見方をしているのなら直してください」とお伝えしました。それからは、「決めつけた見方をしている」という話はなくなり、問題を一緒に考えるようになりました。

自分の考え方や軸を持っている人、権威や力のある立場の人が言ったことは反論されにくい反面、相手からは「決めつけて見ている」と思われやすいものです。だから、話し方にも気をつける必要があるのです。

09

人にレッテルを貼って見ていませんか？

↓ 部下にレッテルを貼って見ていると自分が損をします。

「部下はこういう問題のある人間だ」とレッテル（決めつけて見る）を貼って見ているとあなたが損をします。

なぜなら、部下はこういう問題がある人間だと決めつけて見ていると、その部下がいい提案をしてくれても採用できず、最後は自分にツケが回ってくるからです。

たとえば、課の中で新人をどのように育成していくか話し合いをしていました。2回目の話し合いは、課長は別の会議に出るため主任に任せることにしました。

後日、課長は新人育成の話し合いの内容について主任から報告を受けました。

報告の内容は、「このようないい提案があったので、今後の新人育成のカリキュラムに取り入れたい。他の課員もぜひ、やりましょうということになった」というものでした。

そして、「それはベテラン課員のAさんからでした」とつけ加えられました。

課長はその報告を、最初は「いい案だね」と言って聞いていたのですが、Aさんの提案だと聞くと、「その案は本当にうまくいのか？　Aさんは、以前も課内の改善計画で提案したが、自分では全然動かない無責任な人なんだよ。他の課でやっていることも参考にして、もう一度考えたほうがいいね」ともう一度検討するように指示しました。

その後、他の課の新人育成の仕方を参考に案を作り直しましたが、最終的に決まった案は最初にAさんから提案された内容とほぼ同じでした。

課長が「Aさんは昔こういうことがあったから、こういう問題のある人だ」というレッテルを貼って見ていたことが、Aさんの案を素直に採用できなかった原因です。部下に再検討までさせて無駄な時間を使ったことは、課長も部下も損をしたことになりました。

このように、**「彼（彼女）はダメな人なんだ」と部下にレッテルを貼らないことが多様な能力を活かす**ことになります。

10

自分に貼られたレッテルに困っていませんか？

↓サクラを使ってでも自分のレッテルを剝がすことも、ありです。

怖い人というイメージが出来上がっている人が、「私は怖いと思われているけど、違うんだ。意見があったら何でも言ってほしい」と言っても、部下はすぐには信用しません。

「そういうことを言っても大丈夫だ」ということを部下に示す必要があります。

たとえば、課内会議で、課長がいきなり「次の課内会議から各自が取り組んでいる課題の進捗について報告をしてもらいます。いいですね」と言いました。

今までなら課員たちは、「なぜそういうことをやるのですか。今までと同じではだめですか」などと怖くて聞けませんでしたが、今回は違いました。

課員たちが黙っていると、1人の主任が、「課長、いきなり言われてまごついています。なぜ、そういうことをやるのか説明していただけますでしょうか」と質問をしました。誰もが課長が「余計な質問をするな！」と怒り出すのではないかと、課長の次の言葉を待っていました。

すると課長は「課題の進捗について主任からの報告では、実際に担当している人がどういう気持ちや想いでやっているのか、何に困っているのか、わからないからだ」と言いました。

さらに主任が、「でも、急すぎるように思います。少し準備の時間が必要だと思いますが」と質問しました。結局、次々回の課内会議から当番を決めて報告をすることになりましたが、課員は驚きました。

主任の質問に対して、怖いと思っていた課長のイメージと違って、怒るのではなく、淡々と答えたからです。そして、主任と課長のやり取りを聞いて、課員が直接、担当している課題の進捗報告をする狙いが課員に伝わりました。

実は、課長は課内会議の前日に、主任には「明日こういう提案をするけど、私には怖いというレッテルが貼られているから、主任がサクラで質問してくれ」と頼んでいたのです。

サクラを準備するというイメージはよくありませんが、**一度貼られたレッテルは本人が違うと言っても剝がしにくい**ものです。この例のように事実で見せると、うまく剝がせることが多くあります。

11

本質まで変わろうと悩んでいませんか？

↓ リーダーは舞台上の単なる役です。演技をすればいいのです。

課長になったということは、**会社という舞台で課長の役をもらったと考え、部下という観衆から拍手をもらえるような演技をする**ようなものと思ってください。

人との向き合い方が苦手、部下に冗談を言うのが苦手、本音では部下は指示命令で動けばいいんだという考えは変えられないという人、逆にそういうことはできないと思う人など、さまざまなリーダーがいますが、いずれも「部下とのコミュニケーションがうまい課長」という役柄をもらった役者だと思えばいいのです。

本当の自分を変えなければと思うと苦しくなりますが、そういう役をもらった役者だと思えば気が楽になります。

たとえば、多くの役者たちがＴＶでのインタビューに答えているのを見ていると、役を降りたときは人前に出るのも苦手なシャイな人が多いように思います。無口で、自分からは積極的に話さない人が多いように思います。

このような人でも「ハイ、本番」となると、人が変わったように雄弁な役柄を演じるのです。

リーダーになったからといって、本質は変えなくてもいいのです。自分の性格が根暗だと思っていても、部下から明るい上司像を期待されているなら、演じればいいのです。

演じることで部下たちが伸び伸び仕事ができて、課の業績が上がるなら、挑戦しても損はありません。会社に一歩入ったら役に徹し、一歩出たら元の自分に戻ればいいのです。

12

立場を柔軟に上げ下げしていますか？

↓ 時には部下、時には上司の立場で、立場を行ったり来たりしましょう。

立場が上がったからといって、えらそうにしたり、立場を利用して強制的にやらせるのはダメですが、部下の立場や気持ちを代弁するような発言が多いと、他部署から小さく見られます。

営業、設計、調達、製造の各課長が集まったモノづくり会議で、こんな展開がありました。営業が、標準より短い納期を条件に注文を取ってきたときのことです。

短い納期に対して設計と調達、製造で具体的な対策について話し合った際に、製造課の課長は、「うちの課は人員不足で大変だ、機械が故障して大変だ」と自分の課の大変さばかりを訴え、現場の状況を代弁するような発言が目立ちました。

設計と調達の課長は、「製造課長も視野が狭いな。課長になったばかりだから仕方がないけど、身内の部下の負荷ばかり訴えている。もっと課長として人員不足や設備の問題をどうするか、長期的な視点での意見を求めているのに」と小声で言っています。この発言で、製造課長の信頼はすっかり落ちてしまいました。

管理職になれば、**これまで以上に幅広い視野、より全体最適の視点での判断、時には自分の課も負担が増えてもやむなし、という判断が期待されている**のです。

時には部下の気持ちを十分に汲みながらも、時には全体最適の視点に立って、部下を説得する役割も出てきます。この事例の場合は、「人員不足と機械の故障で大変だが、この高負荷の機会を改善のチャンスと捉えよう」と意見することができたと思います。

13

組織の歯車になりたくないと思っていませんか？

↓ 意思を持った歯車なら、組織を動かせます。

「組織の歯車」になることを後ろ向きに捉えていませんか？　組織の歯車とは、「組織（上司）に言われるままに動く機械的な人間」ということですが、**「意思を持った組織の歯車」**になることで、逆に組織を動かすことができます。

歯車には2種類あります。1つは駆動する歯車で「駆動歯車」、もう1つは回転させられる歯車で「被動歯車」といいます。何の意思もなく上司の言いなりで回っているのであれば、上司にとっては都合のいいだけの歯車です。しかし、たとえ被動歯車であっても、**意思を持って回れば、組み込まれていない歯車より確実に組織に影響し、組織を動かすことができます。**

ある企業の研修課員のAさんは、中堅女性社員を対象にした研修の企画と運営を担当して2年目になります。1年目は先輩がやってきたカリキュラムを確実に引き継ぎ、「Aさんに任せても大丈夫」という実績を作りました。そのときのAさんは、歯車にたとえると被動歯車ですが、先輩の駆動歯車の回転を抵抗なく伝達することに徹しました。

そして2年目の研修内容を考えるとき、研修課長は「2年目は前年と同じようにやるのではなく、あなたの考えも入れてください」とAさんに指示しました。

Aさんは、1年目の研修の感想文の中に、「本社工場も見たかった」という意見や「もっと自由に本音で議論したかった」という意見が多かったので、カリキュラムの中に工場見学を入れるよう上司や工場関係者を説得し、工場見学を企画しました。

また、研修中のグループ討議もできるだけ気楽に、本音で議論ができる場になるように工夫しました。話し合いの進め方やルールを設け、発言しやすいように1グループを7～8人に限定。発表ではなく議論を重視してもらうため、発表資料は手書きのメモをiPadで撮ったものをそのままプロジェクターに映しました。手書きのメモをそのまま使うことで、資料の作成にかかっていた時間を議論に充てることができ、研修生にも好評でした。

部下にも自分の指示通りに回ってくれる被動歯車を求める人は少なくありませんが、この研修課長のように、部下に「あなたの考えも入れて計画しなさい」と指示することで、部下が意思を持って回転する被動歯車に育っていきます。

14

職場を照らす陽の光を遮っていませんか？

↓

「雲族」になって光を遮らないようにしましょう。

太陽の光を途中で遮って下界を暗くする雲。組織の上司の考えや想いを光にたとえると、それを遮っている中間管理職を「雲族」といいます。

上司の方針や考え方や想いを中間にいるリーダーが下に伝えずに自分で止めてしまうと、部下たちは方向性を失ってしまいます。

事例で説明しましょう。市場のニーズに合わせて部内に新しい課を作ることになりました。他部門からも人を出してもらうことになっていますが、部内の各課からも人を推薦するように各課長に部長から指示がありました。

新しい部署はこれまでにない新規の商品を企画するので、そういう視点を持った人たちに集まってもらいたいという部長の想いが課長に伝えられました。

課長たちは優秀な部下を取られてしまうのではないかと恐れますが、部長の指示なので公然とは反対できません。なので、今度の新しい部署は難しい仕事であり、うまくいかないかもしれない、などとネガティブなことしか部下に伝えませんでした。部長の想い（陽の光）は課長たち雲族によって遮られたのです。

その結果、誰も手を挙げる人はいなかったので、指名する形で人選しました。選ばれた人たちを見ると、その課ではあまり活躍していない、追い出されたのではないかと思える人たちでした。

後日、たまたま部長が若い人たちと会話する機会があって、そのときに若い人たちは部長から直接、今度の新しい部署の話を聞きました。聞いた人は、今まで課長から聞いていたようなネガティブな話ではなく、夢のある話だと思いました。

こうした経緯で、若手たちが「それなら私がそこで働きたい」と自分から手を挙げようになったので、もう一度人選がやり直されることになりました。

リーダーが太陽の光を遮る雲族になってしまうと、上司の想い（陽の光）が正しく伝わらない事例です。あなたも、雲族にならないように、上司の想いを受け止めて、部下が正しく理解できるように、あなたの言葉で伝える役割を果たしてほしいと思います。

6章

ギスギスしない職場を作るチーム術

01

職場がギスギスすることを怖がっていませんか？

↓ ギスギスがない職場のほうがおかしいです。

職場の人間関係がギスギスしていると、課長がうまくまとめていないと見られるのではないか、と恐れるかもしれません。しかし、むしろ**ギスギスしないほうがおかしい**のです。なぜなら、いろいろな価値観を持った人たちが集まって仕事をしているのですから、考え方や意見が違うのは当然だからです。本気で仕事をしようと思ったら、ぶつかり合うのは当然です。

たとえば、課として無駄のないファイリングをするために、全面的にシステムを見直すことになりました。営業、技術、経理、総務・人事の４つチームがあり、それぞれの業務に合わせて、ファイリングの仕方は独自の方法でやっていいことになっています。各チームが分かれて、いろいろな取り組みが始まりました。

営業チームはぐいぐい引っ張る主任がいたので、2回か3回の話し合いでファイリングの仕方を決めていました。他のチームから「さすが、営業は速いね」などと言われて、営業の人たちも「俺たちはまとまっているから」と自慢していました。

総務・人事チームは何度も会合を重ねますが、意見が合わず、外から見ているとガタガタしていてまとまりのないチームに見えました。主任は「A主任はまとめる力がないのではないか」と言う周りの目を気にしながらも、侃侃諤諤《かんかんがくがく》の話し合いを見守るだけでした。

1カ月経って、総務・人事チームも何とかまとまり、各チームのファイリングシステムが完成し、発表会が行なわれました。

参加者全員で評価し合った結果、総務・人事のチームのファイリングシステムが最も機能的でデザイン的にも優れているという評価になりました。

一方、一番先に簡単にまとめた営業チームは最下位で、従来の発想から出ていないという評価でした。発表後、営業のメンバーは小さな声で「うちの主任が自分でどんどん決めていったんだよ」と不満たらたらでした。

考え方の違う人たちが知恵を出し合うのですから、ギスギスするのは当たり前、簡単にはまとまらないのです。ぶつからないほうが変だぞ、と見ないといけないのです。ぶつかり合う部下たちがいたら、ほめてやってください。

02

仲良しクラブになっていませんか？
↓
言いやすい雰囲気の職場を作る前に目的を示しましょう。

「何でも言いやすい職場」になったのはいいのですが、単なるなあなあの仲良しクラブになってしまい、規律のゆるい職場になってしまうことがあります。

ある企業では、これまでは上下関係が強くて、上司や先輩に対して気楽に質問や雑談などできませんでした。そこで、ざっくばらんなミーティングや飲み会、食事会など、お互いを知り合う機会を意図的にたくさん作るようにしました。

ただし、**「何のために何でも言いやすい職場にするのか」**という狙いは示されませんでした。リーダーは狙いを示さなくても、上司や先輩と気楽に話や相談ができる関係になれば、仕事のことでも気軽に相談し、おかしなことがあれば指摘し合う集団になってくれると考えていたのです。

そのような取り組みの結果、若い社員も上司や先輩に対して冗談を言い、質問なども気楽にできるようになりました。

ところが、仕事のことになると相変わらず、仲間や若手が「そのやり方では問題が起きそう」とわかっていても注意しない、「こうしたらいいのではないですか」と先輩に言えない、会議に遅刻する人に注意できないなど、あまり成果がありませんでした。規律のゆるい面も相変わらずでした。

部長や他の部署からは、「何でも言いやすい職場にするといって取り組んでいたけど、単なる仲良しクラブになっただけではないか」と言われてしまいました。

何でも言いやすい職場を作ろうとするときには、先に目的を示しておかないと、このように単なる〝なあなあ〟の仲良しクラブになってしまう危険性があるのです。

03

思いつき意見が飛び交っていますか？

↓ 誰もが意見を言える場を作りましょう。

経験の浅い人が「思いつき意見」でも自由に言える職場を作ることは、非常に大事なことです。なぜなら、経験が浅い人だからこそ気づくことがあるからです。そういう気づきは早く言ってもらったほうが組織のためです。

そこで、思いつき意見を言い合う場を作ることをお勧めします。

私のクライアントの中には、課の経費削減のネタを出し合う会議をしている企業もあります。「コピー機をリースにしてはどうか」と、リースと買い取りの費用の比較を示して提案する人もいました。その他、カラー印刷のルールの見直しなどの案も出ました。

まとまった提案が多い中で、今まで発言しなかった入社したばかりのAさんが、「ボールペンなどの文具は指定の業者から買うより、近所の100均で買うほうが安いのに、なぜ業者から買うのだろう」とボソッと言いました。

すかさずベテラン社員のBさんが、「指定の業者以外から買うと経理がうるさいんだよ。今までずっとそうしてきたんだ」とAさんの思いつき意見にフタをしようとしました。

そのとき、すかさず課長が、「それ、経理がなぜ嫌な顔をするのか聞いてみよう」と言い、経理に問い合わせました。

経理からは、「以前は購買が取引口座を増やしたくなかったので、あらかじめ業者を指定していたらしいですが、今はどこから買っても問題ありません」という返事が返ってきました。

新人Aさんの思いつき意見から、思わぬ改善ネタが見つかったのです。

このように、経験が浅いからこそ抱く疑問や提案は、組織をよくするヒントやきっかけになります。思いつきでも自由に言える雰囲気を作ることが大事です。

そのためには、**課長が率先して思いつき意見を拾う**ことです。そうすると他の課員も思いつき意見を言いやすくなります。

04

多様な意見が出るとまとまらないと思っていませんか?

↓ 最後は責任を取る人が決めればいいのです。

賛成多数で決めることがいいことだと思いがちですが、そうではありません。**最後は責任者1人が決める**のです。

大事なことを決めるとき、みんなで決めるようとするとなかなか決まりませんし、多数を形成した意見が必ずしも最善の答えとは限りません。リーダーのあなたが責任を持って決めなければダメなのです。

たとえば、課のミッションなど大事なことを決めるときに、課員のいろいろな視点でミッション案をたくさん出してもらいます。

しかし、その中で多くの課員がよしとするミッション案があったとしても、それが課長として納得できるミッションになるとは限りません。課長と課員の視野の広さは違うので、当然といえば当然です。

場合によっては、もう一度検討しようということになります。このとき、課員が「なぜ、多くの課員がよいとするミッションではダメなんですか。今まで話し合った時間を無駄にするのですか」と言ってくる可能性があります。

そこで、このように再検討することになっても課員の不満にならないように、最初に課員に「課のミッション作成では、最初は皆さんからどんどん案を出してもらいます。最後にまとめる内容については、責任を持つ私が決めたいと思います」と明言してから始めるといいでしょう。

この**全員が案や意見を出すプロセス**がとても大事です。このプロセスを大事にすることで、自分たちも課のミッションづくりに参加したという気持ちになります。

大事なことだからと考えて自分1人で決めることもできますが、作ったミッションに対して「あれは課長が作ったミッションだ」と思われてしまっては、その後も何かにつけて「課長が作った」と言い、「自分たちのミッション」とは言いません。

最後は責任を持つ人が決めることを決めておけば、「まとめることができるだろうか」という心配をせずに、多くの部下の意見を出し合う機会を作ることができます。さらに、部下たちも決めたことに責任を持つようになります。

05

笑い声が出る会議ですか？

↓

会議の前に雰囲気を和らげる工夫をしましょう。

映画やＴＶドラマで見るような、わざと威圧感を感じさせて決議までは余計な質問をさせないセレモニー的な会議は別として、多くの会議では立場を意識しないで積極的に発言することが求められます。そのためにはひと工夫が必要です。

私は、**会議の最初の5分から10分、「雑談タイム」を設ける**ことを勧めています。その雑談は、できるだけ仕事以外の話で、場の雰囲気が和らぎ、かつ多くの課員が興味を持つような話題がいいでしょう。

たとえば、ベテラン層が多く、ゴルフをやっている人が多い職場では、ゴルフの話題などは恰好の材料でしょう。

女子社員が多い場合は、「この前、テレビでスイーツ店の紹介があって、そこの人材育成は怒鳴ったり激しく叱ったりして厳しく鍛えるようなやり方ではなく、楽しい職場環境を作らなければ人も育たないし、お客さまに喜んでもらえるおいしいケーキはできないという考え方で育成しているらしい。とても勉強になったよ。その店はたまたま車で30分くらいのところにあるので妻と行ってみたら、店の人たちがニコニコして働いていて、店の中がお菓子の国みたいだったよ」というような、柔らかい話題の中にも人材育成のヒントにもなるような話があったら最高です。

このように、会議の前に「雑談タイム」を設けるのは場を和ませる工夫の一つです。特に課長が怖い顔をしていたら、その会議はとても息苦しい場になってしまうので、それだけは避けてください。

堅苦しい雰囲気を排するために、リーダー自ら、会議の前に雰囲気を和らげる工夫をしてください。

06

あなたのプレゼンに質問が出ますか？
↓
たくさんの質問が出るような説明をしましょう。

部下に説明した後に、「なぜですか？」「どうしてですか？」とたくさん質問されたら、あなたの話は部下に伝わったということです。

なぜなら、部下に説明したときにたくさん質問されるということは、自分のこととして受け止めて聞いてくれた証拠であり、理解したいと思うので質問してくるからです。逆に、**まったく質問がないのであれば、伝わっていないということ**です。

たとえば、課の方針を部下に話したとします。部下にうまく伝えようとたくさんの説明資料を作り、スクリーンに映しながら説明した後で「何かわからないことがあったら聞いてください」と言いましたが、部下からの質問はまったくありませんでした。

課長はわかりやすくするためにたくさん資料を作って説明したので、「これで伝わった」

と思っていました。

しかし、タバコ部屋で部下たちは、「あんなにたくさんの資料を次から次と映し出されて質問をする暇もなかった。それに課の方針がきれいごと過ぎて実感がわかないから、質問のしようがない」と言っていました。

この話を伝え聞いた課長は、もう一度、課の方針説明会をやることにしました。今度は雑談で場を温めてから、自分の想いを最初に語りました。説明も全部一気にやらずに、途中で切りながら、課長から指名で「○○さん、どう思いますか？　質問は？」などと聞きながら進めました。

そうすると、今まで黙っていたのが嘘のように、「そもそも、なぜ、その課題なのですか？」と本質的な質問も出るようになりました。

このように、部下に説明した後に、「なぜですか？」「どうしてですか？」とたくさん質問されるようなプレゼンを心がけてください。

余計な質問をされたくなかったなら、質問もできないほどたくさんの資料で一気に説明するのもいいかもしれません。ただし、部下は課の方針に沿って動いてくれないでしょう。

07

個別ミーティングに偏っていませんか？

↓個別ミーティングと全体ミーティングを使い分けましょう。

上司が部署の課題の進め方や進捗確認を行なうとき、部下との個別のやり取りに偏らず、全体のやり取りと組み合わせて行なうことが大事です。**個別のやり取りに偏ると、チームがバラバラになります**。上司と課題担当責任者が個別にやり取りをすれば、密度の濃い確認、指導、フォローができますが、他のメンバーには課題やその重要度、トラブルの予測がつかないので、いざ問題が起こると助け合えなくなるのです。

全体の場でも各自の課題についてどのような進め方をするのか、各課題に対する上司の考え方を伝え、部下同士が質問し合って相互に理解しておくと、課題が進まないときには助言や手助けを受けることができ、チームの一体感が強まります。

花の種から苗木まで育てて農家に出荷する、種苗工場の事例です。

課長の下には4人の主任がいました。各主任はそれぞれ違う花を担当しているので、全主任を集めて納期や品質、コストなどの話をしても時間の無駄だと思い、常に個別にやり取りしていました。また、厳しい課題や目標に対して1人でも反対すると、他の主任も同調するのではないかと心配だったのです。課長と主任の一対一なら説得できますが、一対多では説得する自信がなかったのです。

今までは1人の主任のところで苗が病気になり出荷遅れが発生しても、担当の主任と課長が夜遅くまで残って対応し、他の主任たちは早く帰っていました。

あとで、遅くまで残っていた理由を聞いた他の主任は、課内会議で「うちの課の重要な管理商品だと知りませんでした。知っていたらみんなで手伝うし、苗が病気にならないような品質管理のノウハウを他の主任たちも結構持っているから、助言もできたと思います」と言いました。

その後、緊急の場合以外は、できるだけ課長と課題担当者の一対一のやり取りはなくし、担当している課題の重要度や目標値などについても、課長はどういう指示をしているのか、どういう問題があるのかなどを共有する場を作ることになりました。

上司から部下に個別に課題などを伝えれば、確実に伝えることはできますが、他の部下には伝わらず部署が分断された状態になり、部署としての総合力を発揮できなくなります。

08

衆知が集まらず困っていませんか？
↓ 衆知を集める秘訣は興味を持たせることです。

部署として重要な決定をするときには「衆知を集めて最後は責任者1人が決断する」のが要諦だと言いますが、まず衆知を集める秘訣は、決めようとしていることに興味を持たせることです。

なぜなら、**衆知を集めるとは、決めていく過程で意見出しに積極的に参加してもらうこと**だからです。積極的に参加してもらうには、決めようとしていることに興味を持ってもらわなければ意見も集まりません。

たとえば、課内のチーム編成を商品で分けるか、仕事の流れで分けるかを決めようとしていました。

今までは仕事の流れに沿って、新商品開発チーム、設計チーム、量産設計チーム、電機設計チームと分けていましたが、もっと小回りの利く仕事をするために、商品ごとのチーム編成がいいのではないかという意見が上がりました。

一方、今までのチーム編成のほうが助け合いもできるということで、変更しないほうがいいという意見もありました。

課長としても、どういうチーム編成がいいか悩んでいましたが、最後は自分で決めなければならないと思っていました。しかし、どちらのチーム編成がいいかについて意見を言う人は限られており、傍観者が半数ほどいました。

このまま一部の人の意見だけを参考にするのでは衆知を集めたことにはならないと、課長は考えました。そこで、チームの見直しと、みんなが困っていた残業削減の問題、2つのテーマをくっつけて話し合ったところ、チーム編成のあり方にも興味を持って意見が出てくるようになりました。

このように、衆知を集めるようとするなら、まず、決めようとしていることに興味を持たせることです。みんなが意見出しに参加するようになる、そのための工夫が必要です。

09

あなたのチームのミッションは何ですか？

↓ チームのミッションを持って取り組めば困難を乗り切る力になります。

部下の力を1つにするために、チームのミッション、自分たちのミッションを持つことが大事です。

なぜなら、部下はあなたから「もっと売上を伸ばせ！」「今月のノルマを達成しよう」という指示が出て必死に頑張っていますが、**何のために頑張っているのかその意味がわからなくなると、そこで簡単にあきらめてしまうかもしれない**のです。

しかし、チームのミッション実現と自分の仕事を結びつけられると、その苦しさも乗り越えることができますし、やりがいも出てきます。

全国各地の工場に製品を納めていた、ある機械設計者の話です。

お客さまの工場に納めた機械が故障し、調べた結果、設計に問題があることがわかり、

「すぐに来い！」とすごい剣幕でお客さまから呼び出しを受けました。

彼はあわてて事務所の女性に頼んで航空券を取ってもらい、飛び乗るように搭乗しました。シートに座ってホッとすると同時に、お客さまに何と言ってお詫びをしたらいいんだろうと考えるとだんだん気持ちが沈んでしまい、いつの間にか、「この飛行機、整備不良かなんかの理由で欠航にならないかな」と考えるようになったそうです。

しかし、今期から新しい課長になり、自分たち設計課のミッションは何か、そのミッション実現のためにどのような技術を身につけるか、どういう姿勢で仕事をしたらいいのかなどを話し合っていたので、それを思い出して「ミッション実現のためなんだ、お客さまにはありのままの話をしよう」という気持ちに立て直すことができたそうです。

このように、チームのミッションを持って、そのミッションを自分たちのものと受け止め、ミッション実現のためにどういう仕事をするのか、ということを日々考えていると、仕事のカベや困難なこと、苦しいことを乗り越える力になります。

また、「ミッション実現のためにこれをお願いします」と、言いにくい年上の部下に対しても率直に言うことができます。

決めたルールが守られず困っていませんか？

↓ 職場のルールを守るのは仲間を大切にする気持ちからです。

決めたことを守るのは、ルールがあるからではなく、仲間のことを思うからです。守らなければ仲間に迷惑をかける、仲間を大事に思うから守ろうとするのです。

たとえば、「会議開始時間の5分前に集まること」というルールがあります。しかし、毎回誰かが遅れてきます。

お互いに何度注意し合っても遅れる人がいるので、少しゲーム感覚を入れて「会議に遅れたら罰金１００円」というルールをみんなで決めました。しかし、それでも遅れる人がいました。

あるとき、課長が課員に語りかけました。

「皆さん、時間を守るのは何のためですか？　遅れると罰則があるからですか？　違いますよね。自分が遅れたために待っている人の貴重な時間を無駄にしないためですよ。二度とない人生、貴重な時間です。誰でも平等に1日24時間という時間を持っています。5分でも貴重な時間を無駄にさせて申し訳ないと思いませんか。私たちはもっと仲間のことを大事にしましょうよ」

課長は話をしただけではダメだとわかっていたので、どうやったら仲間のことを大事にしようとするのかと考えた末に、もっと仲間のことを知る機会を作りました。

そのことを半年ぐらい続けているうちに、仲間のことを気にするようになり、迷惑をかけられないという気持ちに変わっていったのです。気がついたら電車の遅延や家庭の事情で遅れる人は事前に連絡をよこし、会議に無断で遅れる人はいなくなりました。

ルールを守る職場にするには、お互いを気づかう気持ちづくりから取り組むことが効果的なのです。

11

事務仕事を掌握していますか？

↓

事務仕事は縁の下の力持ち。ブラックボックス化しないでください。

事務仕事は大事な仕事ですが、営業や技術職と違って売上に直結していないため、周囲からの関心も薄く、担当している人以外は具体的に何をやっているか知らないことがあります。

そこでいざ、課の改善をしようとしても、事務担当者から「できない」などと言われて改善が進まないこともあります。営業や技術の仕事は職場の中で注目や関心を持たれますが、事務仕事はよくわからないことが多いのです。

このようなことはよくあることです。ある企業では、仕事の見直しと、チームとして現在の自分が担当している仕事以外でもお互いの仕事をカバーし合って、課全体の残業時間を削減しようと取り組みました。

最終的には、営業や技術、事務の垣根を越えて、課員同士が助け合って課のトータルの業務時間を短縮する計画ですが、その前に各自の仕事の無駄を取ろうということになりました。

しかし、事務仕事を担当しているAさんは、「自分の仕事で無駄なことはないから、見直す必要がない」と言って協力してくれず、困ってしまいました。

Aさんの残業も多く、周りから見ての本当にその仕事が必要なのかという疑問もありましたが、誰も仕事の中身がわからないので、それ以上説得できないでいました。

困った課長は、Aさんに「君がやっている仕事を私もやってみるから、大まかなところでいいから教えてくれないか」となんとか説得して一から教えてもらい、実際にやってみました。

こうしてAさんがやっている業務の内容、手順などが見えるようになりました。その中で一部にはすぐにやめてもいい作業がある一方で、営業と技術の仕事の仕方の問題を改善しないと、Aさんの仕事の改善ができないものがあることがわかりました。

このように、事務仕事は売上などに直接影響しないことから、周りの関心も薄くブラックボックス化しやすいのですが、**それを放置すると改善やローテーションや異動などのときに困ることになります**。普段から上司として関心を示しておくことが大事です。

12

仕事の流れで物事を考えていますか？

↓

各課長とのいい関係があなたの力になります。

管理職になったら、自分の部署の仕事だけでなく、仕事の流れを見て判断することが必要になります。

あなたの部署の**上流のリーダーと下流のリーダーと積極的にいい関係づくりをすれば、あなたの持っている力をさらに発揮しやすくなります。**

たとえば、あなたの部署で生産した製品はお客さまに満足していただいて、初めて仕事が完了します。ただし、その製品は自分たちが作りたいものを作っているのではなく、お客様の要望によって作っているものです。お客さまに一番近いのは営業です。ですから、営業リーダーの声がお客さまの声なのです。

しかし、営業リーダーと話したこともなく、どんな考え方をしている人かもわからなければ、信頼もできないし、お客さまの声だと言われても、営業が自分たちの都合をお客さまの声にすり替えているのではないかと疑ってしまうかもしれません。

また、日程の厳しい納期のときには、営業は製造の気持ちに配慮しないで一方的に指示をしてくる、と疑心暗鬼にもなります。

そこで、営業リーダーと信頼関係ができていれば、営業の声がお客さまの声と受け止めることができるし、厳しい納期のときには、製造に対して多少無理を依頼することは変わらなくても、ちょっとした配慮や言い方が変わってきます。

上流と下流の部署の助け合いによって、仕事の成果は大きくなったり小さくなったりします。この事例のように、特に仕事の流れの前後で関係する職場の長と信頼関係を作っておくと、プラスになってもマイナスには絶対になりません。

13

他部署との協力関係ができていますか？

↓ 他部署との協力関係づくりにOSMを使いましょう。

管理職の能力を部下が見るとき、他部署との関係性で見ています。他部署との関係づくりに**オフサイトミーティング（OSM）**を活用しましょう。OSMとは、立場や利害から離れて気楽に真面目な話し合いをする場です（株式会社スコラ・コンサルトの登録商標です）。

管理職はそれぞれの部署のトップという意識がありますから、会議でも部署の利益代表として、時には対立関係にもなります。その対立関係を協力し合う関係にしておくことが大事です。

そのために、立場や利害関係を超えて向き合う場であるOSMを活用して、普段から良好な関係性を作っておくと、部下からの評価も上がりますし、仕事もやりやすくなります。

たとえば、開発・設計と製造は、常に利害関係にあります。新製品の発売に合わせて早く量産に入りたいが、製造側はもっと試作段階で問題出しを十分にやりたい。そうすることで製造が負担するコストを抑えることができる。

しかし、開発・設計は試作を繰り返して問題の洗い出しをやってもキリがないし、早く量産して市場に出すことでシェアが取れる。それが開発・設計が評価されることだと考えています。

このような利害が対立する関係を超えて、全体最適で答えを見つけていくためにＯＳＭを活用します。

ＯＳＭはいったん立場や利害を離れて向き合うことをルールとし、自社のミッション実現を共通目標にして話し合えば、開発・設計と製造の対立する関係も、ミッション実現に向けた協力し合う関係に変えることができます。

対立関係から協力関係に変われば部下の仕事もしやすくなり、そういう関係を作った課長は部下からの評価が上がります。開発・設計と製造のＯＳＭは上司がやろうと決めればすぐにできる場です。

14

今の職場のイキイキ度は何点ですか？

↓

職場のイキイキ度を数値化して改善しましょう。

初めて部署を任されたとき、あなたは自分も含めて全員が健康でイキイキとした、チャレンジ旺盛な職場にしたいと思うはずです。それなら、まずは課のイキイキ度を「見える化」することをお勧めします。

普段、あなたが部下とのやり取りから、「うちの部署はなんか元気なさそうだな。自分の方針はうまく伝わっているだろうか」など漠然と考えているより、健康診断のように、コレステロール値が高いとか尿酸値が高いなど数値で見えるようにすると、何をどう改善したらいいかがわかるようになります。

職場の健康状態も同じで、**漠然と現象を見ているより数値で見えるようにすると改善しやすい**のです。たとえば、あなたの職場が健康であったらこういう項目が高いはずだ、と思える項目を質問項目にしてアンケートを取り、数値化します。質問項目は部署内で話し合って、最後はあなたが決めます。

質問項目は、「部・課の方針の浸透」「挑戦意欲」「チーム意識」「評価」「育成」「上司のスポンサーシップ」など、あなたがこんな項目の点数がよければ元気な職場だ、と思う項目でかまいません。各カテゴリーで5から6くらいの質問項目を挙げます。

アンケートを実施したら結果を部署内で公開し、間を置かずに部署内で話し合います。自分が期待した結果にならなくても、「なんでなんだ！」と感情を出してはいけません。いい結果も同じです。「なぜこういう結果が出たんだろうね」と冷静に話し合います。アンケートを取ることと話し合うことをセットでやるといいでしょう。部下があなたに対してどう見ているかがわかります。

あなたは部下からの改善提案などには積極的に支援しているはずだと思っていたら、部下からはブレーキをかけていると思われていたことがわかったりします。また、部署の業績とアンケート結果は意外とリンクします。

このように、あなたの部署の状態を漠然と見るより、見る項目を決めて数値化すると改善するポイントが明確にわかりますし、部署の状態を判断する項目を決めておくと、違う職場に移ったときでも、イキイキした職場を作りやすくなります。

7章

結果を出す組織を目指す問題解決術

01

大物を狙って失敗していませんか？
↓ 変えるときは小さいことから始めると成功します。

仕事の仕方を大きく変えるときは、小さくて簡単なことから始めるとうまくいきます。なぜなら、**最初から大きな改革案を示すと、それだけで「大変だ！」という受け止め方をされて拒否や反発を生んで失敗します**。

たとえば、部署内のコミュニケーションを取りやすく働きやすくするために、机のレイアウトや、プリンターやシュレッダーの配置などを全面的に見直して実行するプロジェクトチームを作ろうと提案しました。ところが、レイアウトを変える狙いや考え、どんなに働きやすくなるか、そのメリットなどを聞こうともせずに、全員から「そんな大変なこと、仕事が忙しくてできません」と反対されてしまいました。

強引に進めてもうまくいかないので、まずはみんなが一番利用するだろうと思われるミーティングスペースを確保するために、一部の机の配置だけでも先に変えることにしました。検討メンバーも課長から指名して、動いてもらいました。すると、他の課員もしぶしぶ協力してくれるようになり、机のレイアウトを一部変えることができました。

変更は意外と簡単な作業で済み、ミーティングスペースも使いやすくなりました。次にプリンターの置き場も検討し、変更しました。少しずつ変えることで変えることに慣れてきて、最終的には当初の計画通り、全面的に変えることができました。

このように改革や改善に慣れていない職場では、最初から大掛かりな変更や改革案を示すと、改革の内容より、まず「大変だ！　変えたくない」という抵抗感や拒否感が先に出て、どんなにいい案でもつぶされてしまいます。

小さいことからコツコツ変えていき、メンバーが変えることに徐々に慣れるようにするとうまくいきます。

02

決めたことが最後までやり切れず、曖昧になっていませんか？

↓ 決めたことは小さなことでも結果が見えるまでやり切ることが大事です。

一度やろうと決めたことは、どんな小さなことでも最後までやり切ることが大事です。

なぜなら、いつも決めたことをやり切らずに結果を見ないで中途半端にすませると、部下たちは「どうせ決めても最後までやらずに曖昧になってしまうから、やった人が損だ」と思ってしまいます。また、**最後までやり切らないと、やったことがよかったのか悪かったのかもわからないので次に活かすことができず、無駄な時間を使ったことになります**。

たとえば、課の中で3人でひと組のチームを作って改善活動をしようと決めました。各チームとも、最初は他のチームの活動を意識し、負けたくないので真剣に取り組みます。課長も気にしてくれるので、本来の業務も忙しいのですが活動を続けていました。

そのうち繁忙期に入り、課長もチーム活動のことを言わなくなったので、いつの間にか活動回数も減って、やがてどこのチームも活動しなくなりました。

新期に入り、心機一転、もう一度チーム活動を計画しました。しかし、3〜4カ月経つとまたトーンダウンして、いつの間にか課の中で話題にもならなくなりました。

あるとき課長が思い出したようにチーム活動の状況を聞いたら、4チームのうち3チームが活動していないことがわかり、「なぜやらないんだ」と聞くと、「忙しくてできませんでした」という答え。「課長も最近、何も言わないし、やらなくていいと思っていた。どうせ最後はやらなくても叱られるわけではないんだから、やるほうが損」がホンネです。

しかし、1チームだけ最後までやったので発表してもらいましたが、「活動の結果は失敗しました」という内容でした。他のチームからそれならやっても意味がなかったのではないかと批判が出ましたが、課長は「失敗したということも結果だ。やったからわかったことではないか」とコメントしました。

このように、いつも最後までやらないことが許される職場になると、何をやっても中途半端な職場になってしまうので、どんな小さなことでも最後までやり切ること、結果は失敗でも貴重な結果だと評価することです。

課長はどんな小さなことでも、心して最後までやり切るように指導や支援をすることが大事です。

03

相手を論破できる自分はリーダーシップがあると思っていませんか？

↓ **議論で勝っても相手がその気になってくれなかったら負けです。**

あなたが得意な話術で相手を論破しても、相手の気持ちを変えられなかったらあなたの負けです。なぜなら、相手があなたの論に納得して動いてくれなければ、何の意味もないからです。あなたがいくら強打者で力強くバットを振っても、ボールに当たらなければ空振りと同じです。

たとえば、世の中には頭の回転が速く、議論も得意で、相手に反撃のスキを与えず議論で負けたことがないような人がいます。

業務改革推進室の課長もその1人でした。あるとき彼は、製造課長に新たな改革の必要性を提案しました。しかし、製造課長は今までやったことがない挑戦的な改革案を受け入れることができませんでした。

業務改革推進室の課長はそこであきらめることができず、得意の議論で論破し、最後は「わかりました」と製造課長に言わせました。

そのとき、業務改革推進室の課長は気がついていませんでしたが、製造課長はこれ以上話しても無駄だと思って反論しなかったのです。業務改革推進室の課長は、反論されなかったことを納得してくれたからだと思い、自分の上司である室長に、製造課長が了解したと報告しました。

数日経って製造課長から出された今期の改革活動計画は、これまでの活動の延長線上の内容で、挑戦的と言えるものではありませんでした。

後日、業務改革推進室の課長は、上司から**「相手を論破しても、納得して動いてくれなかったらあなたの負けだよ」**と言われてしまいました。

このように議論が得意で相手を論破しても、相手が動かなかったら、成果という報酬を得ることはできないのです。

04

部下があなたの的当て議論をしていませんか？

↓

結論の方向を匂わせて、的当て議論にさせないようにしましょう。

あなたの言動は部下に強い影響を与えます。それはあなたが部下の人事権を持っているからです。**あなたのちょっとしたつぶやきが重みを持って、部下を偏った方向に導くことにもなります**。

いくら、あなたがいろいろな方向から自由に意見を出してもらいたいと思っても、上司であるあなたが「こんなことができたらいいよね」などとつぶやくと、部下はその「できたらいいよね」を実現する方向に意見が偏って、いろいろな角度からの自由な意見は影を潜めてしまいます。

たとえば、事務所のコピー機の機能も古くなり、今では便利な機能がたくさんついているコピー機を安く買うことができるようになったので、課長は部下たちにコピー機の更新の必要性について話し合うようにお願いしました。

しかし、「話し合ってほしい」と言うだけでよかったのですが、「そろそろコピー機を交換したほうがいいと思うけど、君たちで話し合ってくれ」とお願いしてしまいました。

後日、主任から話し合った結果、どのような意見が出たのかを報告してもらいましたが、どのような機種がいいのか、リースがいいのか購入がいいのか、どこに置くのかなど、すべてがコピー機を新しく入れ替えることを前提とした意見ばかりでした。

課長は、なぜ更新が必要なのか、今のコピー機の機能で何が問題なのか、と言った意見がまったく出なかったことに驚きました。

このように、部下に話し合う場を作ってあげるのはいいのですが、自分が期待する結論を匂わせてはいけないのです。課長が期待する議論の方向を匂わせると、その的に当てようとして、部下はその他の可能性を捨ててしまいます。

05

部下があなたが求める答えに過敏になっていませんか？

↓

意見なのか、感想なのか、指示なのかを、先に宣言しましょう。

部下が、あなたが求めることに過敏に反応する職場では、会議で発言する前に、意見なのか、感想なのか、指示なのかを、先に言ったほうがいいでしょう。

上司の顔色を見る傾向が強い職場では、**上司が言ったことをすべて指示と受け止めてしまう傾向があります**。

たとえば、強いリーダーシップを発揮している課長の職場です。

これからの新商品開発について課内会議が行なわれました。いくつか案が出ましたが、課長も「今は健康ブームで健康志向が強い。今度の新商品には職場の空気をきれいにする機能をつけるのも面白いんじゃないか」と言いました。

1カ月後の課内会議で、さらに具体的な案を出し合うことにして解散しました。

1カ月後、課員が集まって具体的な案を出し合いましたが、どの案も新商品に職場の空気をきれいにする機能をつけたものばかりでした。

課長は愕然としました。

なぜなら、1カ月前の課内会議ではあくまでも参考意見として「今は健康ブームで健康志向が強い。今度の新商品には職場の空気をきれいにする機能をつけるのも面白いんじゃないか」と言っただけなのに、それを課長の指示と受け止めて、課員みんなが空気をきれいにする機能をつけることを前提に案を考えてきたのです。

強いリーダーシップで引っ張られてきた職場では、上司の顔色を見る傾向が強く、課長が発言したことをすべて指示と受け止めやすいので、発言する前に必ず感想なのか、意見なのか、指示なのかをはっきり前置きすることが大事です。

また、その前に上司の顔色を見る部下の傾向についても改善が必要です。

06

部分最適な見方になっていませんか？

↓

点から線、線から面と広げて考える人は成果を出しています。

自分の職場の生産性だけを考えて改善すると、下流工程の職場にとって負担が増えて生産性を下げることがあります。**下流工程の生産性も上がるように目を向けて、部署の改善に取り組むと大きな成果になることが多い**のです。

たとえば、営業から受け取った注文を、工場に生産指示をするために生産指示書を発行する職場があるとします。この職場では、生産指示書を作成する仕事は兼務でやっていました。兼務にしている理由は、生産指示書を発行する仕事量が一定でないために専任者を置くことができなかったのです。

そのため、生産指示書作成のときには他の業務を中断してやっており、他の業務効率が落ちるという問題がありました。この問題を解決するために、1日の午前と午後の2回に分けて、生産指示書をまとめて発行するという改善を行ないました。

ところが、この改善に対して営業と製造から、「急ぎの注文なのに半日も止めるのか。改悪だ」とクレームがきたのです。

改善を主導した課長は、短納期を特徴にしているこの会社にとって、これは問題だったと考えを改め、お客さまを第一に考えて営業と生産管理と製造にとってトータルでメリットのある指示書作成のあり方をもう一度検討しました。

その結果、生産指示書を作成するときに、製造にとって不要な情報は入力せず、必要最低限の情報だけを入れることで作成時間を削減しました。それと、営業から生産管理に入れる注文情報も簡潔にわかるような情報を入れるようにしました。

この改善によって今まで以上に短納期に柔軟に対応できるようになり、社内からは高く評価されました。その後、営業とお客さまとの交渉情報が素早く入るようになり、さらに時間短縮が進みました。

このように、職場の課題解決を考えるとき、自分の職場だけでなく上流の仕事と下流のお客さまにつながるまでの仕事に目を向けて考えると、全体最適な発想となり大きな成果につながります。

07

問題の原因をハードとソフトに区別していますか？

↓ 原因をハード面とソフト面を区別して考えると問題解決が早くなります。

真の原因を見つけることが早期問題解決のポイントです。真の原因を見つけるために、組織を動かしている仕組みや制度、方針などの「ハード面」と、同調圧力や暗黙のルールなどの「ソフト面」から見ていくと、後戻りしない真の問題解決ができます。

なぜなら、**組織はハード面とソフト面が作用し合って動いている**からです。

一般的には仕組みや制度が守られないと厳しい罰則を設け、さらにきめ細かなものに作り替えるというハード面の対策をしがちですが、それでは解決しないことが多くあります。それは、もともと仕組みや制度を守る意識が弱い「風土」というソフト面に問題があることが多いのですが、そうした同調圧力や暗黙のルールなどは見えにくいために見落とされてしまうからです。

たとえば、どこの職場にもあるコーヒーメーカーやホワイトボード、複写機などの共用品の使い方の問題です。「コーヒーをこぼしても拭かない」「ホワイトボードを使った後に消さない」「複写機の紙詰まりがあってもそのまま」などの問題が起きていました。

これまでも課内で何度も話し合い、そのたびに新たなルールを作ったり、注意を促す貼り紙や罰金制度など、いろいろな策を実施してきましたが、一向に改善しませんでした。

困った課長は、なぜ決めたことが守られないのかを課員たちとざっくばらんに話し合いました。その話し合いで出てきたことは、多くの課員が「うちの職場は自分がやらなくても誰かがやってくれる、職場のことよりも売上が大事だ、余計なことを言わないほうが気持ちよく働ける」と思っているということでした。

課員の「誰かがルール違反をしていても余計なことを言わないほうがいい、そのほうがみんな気分よく働けるから」と同調を強いるソフト面に原因があったのです。

課長は、自分がこれまで売上第一で、職場の人間関係や雰囲気などには無関心だったことを反省しました。そのことを部下に伝え、今後は「お客さまを大事にする以上に職場の仲間を大事にする」という方針を打ち出し、改善に取り組んだそうです。その結果、仕組みや制度などなくても、共同で使うものは後で使う人たちの気持ちになって片付けを行なう意識が強くなり、問題があれば、仲間に対しても率直に注意するようになりました。

08

成功でなければ成果ではないと思っていませんか？

↓

失敗も成果です。やらなければ失敗も得ることができません。

新米管理職として今までにない挑戦をして、失敗という結果になってがっかりすることも多いと思いますが、**失敗も立派な成果**です。堂々と自慢してください。

失敗であっても成功であっても、やってみたから出た成果です。頭の中で「これやってみようかな」と考えているだけでは得られなかったことが、やってみたから学べた貴重な体験です。やらなかったら体験できなかったばかりか、その体験は人を動かします。

たとえば、私がよく利用している私鉄があります。あるとき、車両の中に某保険会社の広告が貼ってありました。その広告には運動会で子供とお父さんが手をつないでゴールのテープを切っている写真が載っていました。

その写真は、ある障害からようやく走ることができるまで回復したお子さんが、お父さんと一緒にゴールできてうれしそうにしています。結果は最下位だったようですが、キャッチコピーには「参加したから最下位がある」と書いてありました。思わず泣きそうになりました。

「参加したから最下位がある」を仕事に置き換えると、先に失敗することをあれこれ考えてぐずぐずしているより、やってみてその結果から、なぜうまくいかなかったのかを学び、次に活かせばいいと考えると勇気が出てきます。

このように、上司であるあなたが「まずはやってみよう」とやってみた結果が失敗であっても、それも成果と考える前向きさを持っていれば、間近で見ている部下も勇気を持って課題に挑戦するようになります。

09

部下への関心と業績への関心、何割ですか？

↓

部下への関心50、業績への関心50、偏りすぎないようにしましょう。

リーダーの仕事は、部下への関心が強すぎると業績への関心が甘くなりますし、業績への関心ばかり高いと一時的には業績は上がりますが、部下の定着率が低くなるなどの問題が発生します。

ある不動産業の営業所でのことですが、ある課長はこれまで業績第一主義で、部下には甘いところを見せてはならないと、あえて部下の気持ちより業績を大事にしてきました。その結果、全社でもダントツの売上を上げる課になりましたが、パワハラなどの問題や、社員の定着率の悪さが問題となり、課長は交代してしまいました。

新たに着任した課長は、前任者と違って、部下の気持ちに寄り添う傾向が強い人でした。部下の気持ちを常に意識して、自らやる気を起こせば業績も上がってくるはずだと考えていました。

その結果、定着率やパワハラの問題は改善しましたが、業績は落ちていきました。部下の気持ちに寄り添ってやる気を引き出すやり方は間違っていませんでしたが、業績目標が達成しなくても「なぜ達成しなかったのか」という振り返りをしないで、目標達成意識が曖昧になってしまったのです。

このように、部下への関心と業績への関心は、どちらか一方に偏るのではなく、**部下への関心を50、業績への関心を50**という配分が理想です。これは、私のクライアント先でも大切にしている考え方です。最初からうまく半々にはならないと思いますが、なるべくそれに近づけるようにしましょう。

10 本気で課題に取り組もうとしない部下に困っていませんか？

↓ 困難な課題に取り組む力が出るのは、権威ではなく上司の本気です。

難しい課題に取り組むときに「上が言っているから」「本社が言っているから」という権威を使うより、**あなたの本気のほうが部下を動かす力があります**。厳しい施策を実行するのに、上や人事という権威を利用するあなたに対して、「課長は本気ではない」と受け取られると、そんな上司の言うことについていこうとは思わないからです。

たとえば、長時間労働の改善に直面した課がありました。課長自身も部下のことを考えたら、早く帰れるようにしたいと思っています。

しかし、長時間労働の原因は、仕事量が多いこともありますが、部下たちの協力態勢が悪く、それぞれがバラバラにやっているために仕事の流れが悪いことでした。しかも、その協力し合わない原因は、前から根強く残っている人間関係だということが課内では周知の事実で、課長もそのことを知っていました。

課長はその問題に触れたくなかったので、「部長からも人事からも残業時間を削減しろと言ってきている」と上司や人事の名を出して改善させようとしました。

しかし、部下たちからは仕事の多さを理由に大反対されてしまいました。

困ってしまった課長は開き直って、こう訴えました。

「今の仕事はみんなで協力し合えばもっと効率よく進められるのに、一部の人間関係の悪さが原因でそれができていないことは私も知っています。

私もそのことから逃げていました。しかし、私も私生活を大事にしたいので、逃げてばかりはいられない。みんなも自分の生活を大事にしてほしい。今の仕事のやり方は私生活を犠牲にしているのではないか。私自身のためにも改善したいと思っている」

この訴えの後、1人2人と、少しずつ改善に取り組むようになりました。課長が上司や人事のせいにしないで、「改善したい」と本気を見せたからです。

このように、長年改善できなかったような難しい課題に取り組むときは、「上が言っているから」とか「本社が言っているから」と権威を使うより、あなたの本気を見せるほうが部下を動かします。

11

ムリに問題を言わせて空振りに終わっていませんか？

↓ 無理やり問題点を引き出しても、主体的な改善行動にはつながりません。

ムリに引き出した問題には、「私も一緒に改善します」という当事者がいません。
「何か問題はありませんか？」と言ってムリに引き出した問題は、問題を口にした本人が自分に害が及ぶなと感じたら、「何か問題がないかと聞かれたので言っただけで、そんなに改善しなければならない問題だとは思っていません」と逃げてしまいます。

たとえば、課長が主任に課内でオフサイトミーティングをやって、そこから改善のネタを出してほしいと依頼しました。主任は早速、オフサイトミーティングを開きましたが、改善のネタになるような意見がなかなか出てきません。

そこで主任は、「何か問題ない？」「どうですか？　Aさん、こういうことが問題だなあと思うことがありませんか？」「どんな小さなことでもいいですよ。ありませんか？　B

さんどうですか？」とあの手この手でなんとか問題を引き出しました。

後日、課長が参加した改善会議で、「新規開発商品でお客さまに提示する見積価格が会社の基準と上司が指示する価格と違うので問題だ」という指摘が話題になりました。

本当にそういうことがあるのなら問題だという話になり、もう一度事実確認をしようと、「誰の指摘だっけ」という流れになりました。

この指摘をしたAさんは話が大ごとになってきたので、「その問題は私が出したんですが、あのとき、主任が『何でもいいから、ない？』と言うので、これは問題ではないかと言いました。実は、聞いた話なので確信はありません」と逃げてしまいました。

課長もそれが事実であれば、大事な問題だ、改善しなければと思ったのですが、「もう一度、事実確認をしよう」と指示するだけで終わりました。

このように、「何か問題ない？」「どうですか？　こういうことが問題だと思うことはありませんか？」などと言って**ムリに引き出した問題には、本当に問題だと考えている当事者がいません**。問題を出し合う場でうまくコーディネートして意見がたくさんあったとしても、その意見に「私もなんとか改善したい」という想いを持つ当事者がいないこともたくさんあります。

12

「なぜなぜ」で本当の原因を見逃していませんか？

↓

「なぜなぜ5回」を個人の責任追及に向けると真因を見逃します。

問題の真の原因を探るために「なぜを5回問う」ことは一般的に有効ですが、**個人の責任追及に向けられると相手を追い詰めることになり、追い詰められて出てきた話は真因から外れたものになります。**

なぜなら、仕事のミスをした場合など、本人は起きたことと自分の責任を切り離して考えることができないために、自ら自分を追い詰めることになるからです。

製造課の組み立てラインで、ボルトで取りつけられた部品の1カ所が規定の力で締めつけていなかったという、ボルトの締め不良が発生しました。

早速、課の中で、再発防止を図るために部品の組み立てミスをした当事者も参加して「なぜ完全に締めつけていなかったのか」「二度とミスを起こさないためにはどうするか」

という話し合いを行ないました。

話し合いは、「なぜ、全部のボルトを締めなかったの？」「なぜ、締めつけた後に全部のボルトの締めつけトルクを確認しなかったの？」などとミスをした当事者の責任を問うような質問が多くなって、最後はミスをした本人が、「私の注意不足でした。気がゆるんでいました」という話になってしまいました。決めた対策は、不良発生現場に「注意しよう」とか「気を引き締めて」という精神論的なポスターを貼るということになりました。

しかし、後でミスの真因は他にあることがわかりました。決められた時間内にすべてのボルトをしっかり締めてトルクの確認をすることはできなかったのです。

もともと決められた作業時間は、現場を知らないスタッフが机上で算出したものでした。したがってどこかで手抜きをしないとダメだったのです。それが本質的な原因でした。「注意する」とか、「気を引き締める」では解決できなかったのです。

問題の真の原因を探るために「なぜを5回問う」のは一般的に有効ですが、個人の責任追及に向けられると、原因は〝私が悪かったです〟で終わってしまい、真因から外れたものになってしまいます。すると、再び問題が発生することになってしまいます。

13

「誰が」に注目しすぎて真実を見失っていませんか？

↓ 起きたことと誰がやったかを分けて考えると、真の問題解決ができます。

前項の「『なぜなぜ5回』を個人の責任追及に向けると真因を見逃します」で紹介した事例ですが、**「起きたこと」と「誰がやったのか」を分けて考えると真の問題解決ができます。**

なぜなら、「誰が」に注目すると精神論的な対策になりやすく、「起きたこと」に目を向けて考えると事実を見るようになるからです。

先の事例では、製造課の組み立てラインで、ボルトで取りつけられた部品の1カ所が規定の力で締めつけていなかったという、ボルトの締め不良が発生したということでした。課内で対策会議を行ない、最終的には個人の責任になってしまったことから、実際に取った対策は「注意しよう」とか「気を引き締めて」という精神論的なポスターを貼ったことでした。

しかし、後日同じようなことがまた発生したので、今度は「起きたこと」に注目して、なぜミスが起きるのか事実を確認しようと、どのような作業手順でやったのか、会議参加者も現場に出て作業内容を観察しました。

ミスをした人にもう一度同じ作業をやってもらってわかったことは、あらかじめ決められた時間ではベテランでも時間内に手順通りに作業することは難しく、10回やってきちんとできるのは5回くらいだということがわかりました。1回でもボルトを取り直したり、工具を持ち変えたりすると、その分だけ時間がオーバーすることがわかったのです。

今度の対策は、スタッフと現場が協同して安全に効率よくできる作業手順と作業時間を決めることでした。作業しにくいものは改善しました。

それ以来、同じ作業ミスは起きなくなったそうです。

このように、「誰が」に注目しすぎると精神論的な、実態と離れた誤った対策になりがちですが、「起きたことや事実」に目を向けると、真の問題解決ができます。

14

やらない理由を「もっともだ」と受け止めていませんか？

↓「もっともな理由」と「やらない理由」を聞き分けましょう。

できない理由を理路整然と、しかも事実で説明されると、つい「そうだなあ」と納得してしまいますが、実は**「私はやらない、やりたくない」という目的を果たすための理由にしている**のかもしれません。もしかしたら、最後に「だから、私はやりません」という聞こえない言葉が続いているのかもしれないです。

今、話題のアドラー心理学の書籍『嫌われる勇気』（岸見一郎・古賀史健、ダイヤモンド社）で、目的論に関して納得できる記述がありました。その記述を拡大解釈すると、「私はやらない」という目的を達成するために「理由」を作り出すというものです。私も、多くの風土改革現場で改革に反対する人たちの意見を聞いてきましたが、アドラーの言っている目的論と合致することがたくさんありました。

たとえば、一般社員のAさんが、「上司が高圧的なものの言い方をするので、私も意見がありますが言えません」と私に言ってきました。

私もその上司の言動には問題があると受け止めて、その上司に改善を求め、上司も高圧的な発言をしないように意識して一般社員と向き合うようにしてくれました。しかし、Aさんは相変わらず自分の意見を言わないのです。

実はAさんは自分の考えがなくて、発言しないのを上司の高圧的な言動のせいにしていたのです。

つまり、「私は自分の考えがないから言えない」という目的を達成するために、誰もが納得してくれる「上司が高圧的だから」という理由を作ったということになります。

このように、「上司の言い方が高圧的だ」ということを理由にされ、実際にそういうタイプの上司だと、つい納得してしまうものです。しかし、部下が、「上司の言動」を「自分は発言しない」という目的を果たすための理由にしている可能性もあります。「もっともな理由」と「やらない理由」を混同しないようにしましょう。

8章

部下のホンネを引き出すコミュニケーション術

01

部下のホンネがわからないと悩んでいませんか？

↓ 本気でなければホンネは出ません。

部下がなかなかホンネを言ってくれないと悩む課長がいますが、**部下のホンネは上司が本気になったときに出ます**。本気でない人のホンネには強い想いがないので、「それ本当ですか？」と言われると、自分の発言から逃げてしまいます。

設計課の中では、営業がお客さまとの打ち合わせ後に速やかに仕様書を作成し、設計者は仕様書に基づいて設計するというルールになっていました。その仕様書も必要項目をすべて埋めることになっていました。お客さまと営業が、仕様漏れのないようにしっかり打ち合わせをして、設計後の修正を少なくすることも狙いでした。

設計課のAさんは今のスピード化の時代、営業がお客さまと仕様に関して打ち合わせに入ってある程度全体像が見えてきたら、仕様書が手元に届かなくても設計に着手できるように変えたいと考えていました。

あるとき、設計のリードタイムが長くて、それが理由で失注するということが起き、設計者の能力不足が指摘されました。そんな折、会議が催されました。部長も課長も参加しての失注対策会議です。

その席上、「設計課からの意見があれば言ってください」と水を向けられたので、担当者のAさんが発言しました。

「現在のようにスピード化が求められている時代、お客さまと仕様に関して全体像が見えてきたら基本設計に着手してもいいのではないか。今は、あまりにも仕様書作成に時間を取られすぎている。設計の能力不足ばかりに目を向けないで仕組みを変えることも検討すべきだ。設計の連中はそう思っている」

そのことは、今までもタバコ部屋などでは話題になっていたホンネでした。

このAさんの発言には、自分も仕組みを変えることを一緒にやっていきますという意志が感じられ、その後、仕様書と設計の着手の仕組みの見直しが行なわれました。

このように、部下のホンネは、今の仕事の仕方を変えたいと本気で思っているときに出てきますから、ホンネを聞きたいと思ったら本気にさせることです。

02

「さん」で呼ぶ狙いを知っていますか？

↓

「さん」で呼び合うのは2つの目的があります。

役職名ではなく「さん」で呼び合うことを運動化している企業が多くありますが、これには2つの目的があります。1つは**役職を意識せずに、気楽に話せる関係にする**ためです。もう1つは**役職が変わったりなくなったりしても、呼び方を変えないようにする**ためです。役職がなくなって、昨日まで課長と呼んでいた人が今日から課長でなくなったときに、部下は何と呼べばいいのか困ってしまうので、課長のときも「さん」と呼んでいれば、課長から外れても「さん」で変わりません。役職から外れた本人の気持ちに対する配慮にもなります。

たとえば、私が実際に支援している企業で取り組んでいることですが、お客さまの前では課長や主任と役職名で呼び、お客さまがいない社内では「さん」で呼ぶようにします。

役職名でなく、「さん」で呼び合いましょうと言っても、課長を「さん」で呼んでくれない人もいます。課長とは距離があると感じている部下は、「さん」と親しみを感じさせる呼び方には抵抗があり、少し距離を置きたくて「課長」と呼ぶのです。

そんな場合に「さん」と呼んでくださいと強制するのは、そもそも「さん」で呼び合う趣旨から逸脱してしまいます。

そのときは、なぜ「さん」と呼んでくれないのかと考え、距離があるならそれを縮めるようにコミュニケーションをうまくとってください。そして「さん」と呼んでくれたら、距離が縮まったということです。

このように、「さん」で呼び合うのは2つの目的がありますが、簡単に「さん」で呼び合えないこともあると思います。自分はどう呼ばれたいのか、部下をどう呼べばいいのかを考えることで、部下との距離を改善するきっかけにしてください。

03

直接やり取りできない関係になって困っていませんか？

↓

ワンクッション壁に当てて、違う角度から間接的に接触しましょう。

たとえば部下と、あるいは上司と直接向き合ってやり取りができない場合は、ビリヤードのようにワンクッション壁に当て、違う角度から間接的にやり取りしましょう。

直接向き合おうとすると、あなたと相手を隔てる壁が邪魔をしますが、角度を変えて斜め横からなら間接的に向き合うことができます。あなたへの感情的な問題から受け入れたくない内容でも、他者の口から出た言葉には耳を貸しやすいのです。

奥さんとケンカして互いに口をきかないときがあったとします。そんなときに娘が間に入って「お父さん、今夜はトンカツが食べたいと言っていたよ」と奥さんに言うと、間接的に伝わります。関係がギクシャクしているときに、直接奥さんに「今夜はトンカツにしようか」と言ったら、そっけなく「あなたが作れば」と言われるかもしれません。

1日でも早くギクシャクが改善できることが望ましいですが、間に第三者を入れて、ビリヤードのようにワンクッション壁に当てて角度を変え、間接的に伝えることでうまくいくことがあるのは私生活でも経験することです。

職場で、自分と素直に向き合ってくれない部下がいても、「あいつは私のことを無視している」などと思わないで、ワンクッション壁に当てて違う角度から間接的に向き合うようにしてみましょう。そのときのワンクッションとなる壁は、信頼している部下がいいと思います。

まずは関係改善を図るのがベストですが、直接向き合ってやり取りができない場合は、ビリヤードのようにワンクッション壁に当てて、違う角度から間接的にやり取りする方法も選択肢として持っているといいと思います。

04

なぜ部下の机が汚いんだろうと思ったことはありませんか？

↓

机の上の状態から、部下の気持ちを推測することができます。

あなたが事務所を出るときに部下の机の上が乱雑になっていたら、「ちゃんと机の上を片付けて帰るように」と注意するはずです。そして、何度言っても直らないようなときには、「ちゃんと片付けて帰りなさい！」と叱っていませんか？

実は、**机の上を片付けないのは今の仕事への想いや課長に対する気持ちを表わしている**のかもしれません。

仕事が立て込んでいて、「自分にばかり仕事が集中して、机の上を整理する余裕なんてありませんよ」という意思表示かもしれません。上司のあなたや職場の仲間への「なんとかしてよ！」という無言のアピールかもしれません。口では言えないから、態度で示しているのです。

たとえば、ある設計課の職場です。日々設計者は納期に追われていました。それでも、課長は今の多忙さに関係なく新しい仕事を出してきます。主任たちから課長に何度も「部下たちの負荷を考えて仕事量を調整して下ろしてほしい」と言ってきましたが、多忙さは少しも変わりませんでした。

あるとき、課長は部下の机の上が資料類で乱雑な状態のまま帰る人が多くなったことに気づき、課内会議で注意しました。

しかし、何度注意しても直りませんでした。

課長が家に帰って、子供が母親に注目されたいためにわざと悪さをしているところを見て、ふと気づきました。職場で部下に、いくら机の上を整理するように言っても変わらないのは、自分に対する不満の現われなのではないか……。

そこで、課長は部下たちの不満を聞く場を作りました。同時に課題の優先順位を見直して、業務負荷の低減にも着手しました。

それからしばらくして、課長はあることに気がつきました。いつの間にか、部下の机の上が整理整頓されるようになっていたのです。

部下の行動の背景には理由があります。それは「**私たちの多忙さに目を向けてほしい**」というあなたへのメッセージでもあるのです。

05

飲み会で部下を傷つけていませんか？

↓

飲みながら言ったホンネは意外と相手の心に傷をつけます。

多くのサラリーマンが活用している飲みニケーション。職場の中では気楽にホンネが言えないので、ちょっと飲みながら話をしようというのが飲みニケーション。しかし、**飲んだ席で言われたことは深く心に入る分、よい点と悪い点があります**。

食事を一緒にしたりアルコールが入ると身体も心も無防備になるようで、相手の言葉がストレートに心奥底に入り込むので、上司から今まで言われたことがないような問題を指摘されると、大きなダメージを受けます。飲みニケーションはマイナス面もあることを知っておいたほうがいいでしょう。

たとえば、課内の主任以上の懇親を兼ねた飲み会です。課長の「今日はお互いの苦労を労いながら、普段気楽に言えないことも話してください」の挨拶で始まりました。

始まって1時間ほどしてみんながほろ酔い気分になってきた頃。若手主任の前に先輩主任が座って飲んでいましたが、先輩主任が若手主任に「君が課内で主任代表として課員に話をするときがあるけど、心がこもっていないのか、何も感じるものがないんだよ」と言いました。

若手主任は今までそういうことを一度も言われたことがなかったし、先輩主任に対しても心を許していて何でも相談していたので、こういう飲み会の席で「何も感じるものがないんだよ」と言われたことにとてもショックを受けました。

先ほどまでのほろ酔い気分が吹っ飛んでしまい、さらに悪いことに酒の力もあって先輩主任に「なぜ、こういう席でそんなことを言うんですか！」と腹立ちまぎれに噛みついてしまったのです。

若手主任は先輩主任から言われた内容と、自分が感情的に噛みついて先輩主任を逆に傷つけたかもしれない、そういうことが頭から離れなくて数年経ってもいろいろな飲み会に出るたびにその怖さが蘇ってくるそうです。

気楽にホンネが言える飲みニケーション、飲んだ席で言われたことは深く心に入る分、よい点と悪い点があります。

06

仕事中にプライベートな会話ができますか？

↓ 自分のことを話す体験をする場を作りましょう。

自分のことを話すのが苦手な課員が多いなと思ったら、**話すことに慣れる場を作って体験させればいい**のです。

職場の中では仕事の話をすることはあっても、プライベートなことを話す機会はほとんどありません。私もそうでしたが、「職場では私的な話をしてはならない」と指導されてきたので自己規制しているのです。

その自己規制を壊す体験をすれば、自分のことを話してくれるようになります。

体験のさせ方はいろいろありますが、たとえば、お客さまのところの保守点検をするサービス課の例です。会社の方針として、お客さまに自社製品を購入してもらう前に、「自分という人間を知ってもらう」「次に会社のことを知ってもらう」「最後に製品について知ってもらう」ということを大事にしてきました。しかし、お客さまにところに行っても点検が終わるとすぐに帰ってしまう人が多く、課長も困っていました。

そこで課長は、課内で「自分のことを語る」という場を作りました。会議があるたびに15分ぐらいの時間を取って、毎回当番を決めて自分のことを話してもらいます。話すことは何でもいいのですが、まずは趣味のことや芸能ネタ、スポーツネタということから始め、自分が感じたことを話してもらいました。課員がみんなの前で話すことに慣れてきたら、2時間ぐらいまとまった時間を取って、会社に入って失敗したことや家族のこと、親のこと、人生で大きな転換点になったこと、などを話してもらい、質問もし合いました。

この結果、自分の話に自信が持てるようになり、お客さまのところに行っても相手の趣味や出身を聞き、自分の趣味や最近気になった話題などを話せるようになったということです。お客さまとの会話ができるようになってくると自分の会社のことや、新商品についても話ができるように変わったそうです。

自分のことを話す体験をしてもらう場を作るポイントは、**聞く側の姿勢**です。「興味を持って聞いているよ」ということを相手に伝わるようにすることです。

そうすると、自分の話に最初は自信がなくても徐々に自信を持つようになります。その自信はお客さまとの会話にもつながってきます。

07

仕事以外に部下が何に興味を持っているか知っていますか？

↓ 雑談はお互いのことを知るチャンスです。

雑談は気楽な気持ちになるので、お互いに安心して素の部分を見せ合うことができます。そこで、どういう話題なら興味を示すのか、何に関心があるのか、どんな趣味を持っているのかがわかります。

雑談をして、**仕事とは違う意外な面を知ると、相手の印象が変わることがあります**。先日、訪問した不動産業の営業所では、お相撲さんのような体形の、強面の伝説の営業マンがいました。その人と雑談していたら、趣味はメダカの飼育と聞いて、印象が一瞬で変わりました。

皆さんも経験があると思います。たとえば、部下と評価面談などをする場合、どうしても堅苦しい雰囲気になりがちですが、最初のひと言を、「どう、最近はどんなワインを楽しんでいるの？」という雑談から始めたとします。

A君はワインにうるさくて家にはワインセラーを置いてあると聞いていました。ワインの話になるととても雄弁に語ってくれます。その雄弁さを営業で発揮してもらいたいと思うほどでした。

今回は評価面談ですが、A君と面談することは前から決めていたので、課長もあらかじめワインについて豆知識を1つ2つ用意していました。

ワインの話題に飛びついてきたA君は、最近好んで飲んでいるワインの話をしてくれ、すっかりリラックスした雰囲気になって評価面談にスムーズに入ることができました。

このように、普段から部下と雑談していると、部下が何に興味や関心を持っているかがわかり、その話題を意図的に出すことで、かしこまった場であっても柔らかくすることができます。

08

プライバシーを理由に部下を知ることを避けていませんか？

↓ 部下の成長を支援するためにも部下を知っておくことが大事です。

昨今、プライバシー問題が壁となって部下の生活環境に触れにくくなっていますが、部下の成長を支援するには生活環境にも目を向ける必要があります。仕事を通して成長するには、職場の環境だけでなく、**安心して仕事に向き合えるように私生活が安定していることが大事**です。可能な限り、部下の私生活を把握しておきたいものです。

最近は部下の私生活に立ち入ることにとても過敏になっていますが、独身なのか、家族がいて子供がいるのか、子供はいくつなのかなどは、知っておくと上司もいざというときに適切な対応が取れます。

たとえば、次のようなケースのとき、あなたはどうしますか？

朝礼で今日1日のスケジュールを確認し合っているとき、部下のAさんの様子が変でした。いつもは他の人よりも詳細なスケジュールを作るのですが、その日のスケジュールは大雑把なものだったのです。

朝礼が終わって部下たちはそれぞれお客さまのところに出ていきましたが、Aさんだけが残っていました。課長は気になって、「今日はどうした。家庭で何かあったのか?」と聞きました。課長がなぜ家庭のことを聞いたのかというと、先日、Aさんの子供が熱を出してまだ直り切っていないこと、奥さんが身体が弱いことを知っていたからです。

Aさんは、「子供がまた熱を出したが、奥さんの体調が悪いので本当は自分が医者へ連れて行かなければならない。でも、今日はお客さまとの大事な約束があるので、子供は明日医者に連れていくことにして会社に出てきた」のでした。しかし、子供が急変しないか気になって仕事に集中できなかったのです。

その話を聞いた課長は、自分がお客さまのところに行くからと、Aさんにはすぐに家に帰るように指示しました。課長が「家庭で何かあったのか?」と聞かなければ、Aさんはムリしてお客さまのところに行って、出先でミスや事故を起こしたかもしれません。

このように、部下が安心して仕事に向き合うためには私生活が安定している必要があり、そのために上司は部下の私生活も知っておく必要があるのです。ただし、私生活のことも安心して話してくれるような部下との信頼関係が前提です。

9章

職場を変えるリーダー6人の事例

——同調圧力に負けない組織を作る

01

「べきだ」と正論を言う職場を変える

↓

他人の問題から逃げないリーダー

管理職として慣れてきて、周りも管理職として見てくれるようになると、自分も部下をリードできるようになったかなと自信が出てくる頃です。そんなとき、ふと気がついたら、周りからなんとなく浮いた感じになったり、板挟みやカベを感じることがあると思います。この浮いた感じや板挟み、カベは職場独特の「**同調圧力**」によるものです。その同調圧力に負けないリーダーもいます。本章では、そうしたリーダーが実際にやっていることを紹介します。

自分の評価ばかり気にして仕事をする人が増えてきたように思います。社内で「チームでやろう」などとスローガンを掲げていても、腹では「それをやって自分の評価にならない」と思っている人も少なくありません。

「それをやっても自分の評価にならない」と考えている人は言動に出てきます。それが、何かをやる度に、「それは提案した人がやるべきだ」とか「最終責任者の課長が決めるべきだ」、「問題を起こした人が改善すべきだ」と、上からも下からも、横からも、「べきだ、べきだ」の大合唱です。

「べきだ」と言う言い方が多い職場は、問題が起きて解決するまで長い時間をかける職場です。しかし、「べきだ」を得意げに言って自分に問題がこないように予防線を張り合っているような職場でも上司や部下、周囲を自分のやりたい方向にリードしている人も多くいます。


A機械工業の設計課長のAさんもその一人です。Aさんは「べきだ」が飛び交う中で「あなたがやるべきだ」と言われたら、それを逆手にとって、逆利用しています。

あるとき、お客様に納めた機械の試運転中に故障するという問題が起きました。試運転には試運転担当者と営業が立ち会っていましたが、原因がわからないので、設計部に「設計から至急担当者を出してくれ」と依頼しました。

そして設計部長からは、A課長に「お客様に納めた機械が試運転中に故障した。営業から、設計をよこしてくれと言ってきている。設計担当者を出してくれないか」と言ってきました。

設計担当者を出してくれと言われても、担当者のB君は次の重要な機械設計に取りかかっていて、しかも、それが計画より大幅に遅れている。Aさんは困ったなあと思いながらも、まずは現場を見てもらおうと考えて、B君に現場に飛んでもらいました。

B君からの報告を聞いて、故障の重大さに気づき、すぐに原因を突き止めるには、ある程度の時間を確保する必要があると判断しました。しかし、B君は次の重要な機械設計に取りかかっているので、B君と同期のC君にカバーしてもらおうと考えてC君に相談しました。

しかし、C君は「なぜ、私がやらなければならないんですか？　それはB君が設計担当なんだから、一番詳しい人がやるべきじゃないですか。彼のためにも自分で問題を突き止めて改善する経験をさせるべきです。私だって暇ではないんですよ」とあっさり断られました。

B君とC君は同期でライバルでもあり、評価の面でも常に比較されていましたので、C君はB君の尻拭いをしても評価されないと考えたのも当然です。

A課長は同じ設計部のD課の課長に相談しました。D課には先月までA課長の下にいた設計者がおり、今、現場で故障した機械のことは他の人よりは少し知っていました。

しかし、「それはA課の担当だから、あなたが責任をもって対応すべきだ」という返答でした。どんなトラブルなのか聞こうともしません。A課のB君が担当している新機種の設計は会社にとっても最優先課題なのは知っているはずですが、つれない返答でした。

自分の課内だけでは調整しきれないと判断し、部長に相談しましたが、「いろいろな理由があるかもしれないけど、それは課長のあなたが責任をもって対応すべきだよ」と、同じく「べきだ」と言って話を聞いてくれません。

こんなとき、多くの職場では〝課長が責任をもって対応すべきだ〟という圧力に屈して一人で悩み、もう一度課内で何度も相談したり、他の課長にもう一度「人を出してくれないか」と頭を下げに行ったりして時間ばかり経ち、最終的にはお客さまからの「なんとかしろ！」の声に押されてようやく上司も周囲も動き出す……ということになりがちです。

しかし、A課長は違う行動を取りました。「べきだ」という同調圧力を逆手に取る行動に出たのです。

「わかりました。皆さんは担当課長の私がやるべきだと言うんですね。それは私が責任者ですから当然です。では、私がやることに皆さんも協力してもらいますよ」と宣言したのです。

部長も他の課長も「どうせ、A課長がやるんだから」と考えて「いいですよ」と簡単に答えました。

その翌日、部長や課長に集まってもらい、「私が責任者としてやりますが、部長や課長にも協力していただきます。内容はこれです」と言って、各自にやってもらうことを「誰がいつまで何をやるかシート」を配って説明を始めました。

「お客さまへのお詫びはなぜ私がやるんだ」という部長に対して、「お客様に対するお詫びは部長が適任です。お願いします」と部長に役割を渡しました。

「確かに遠方にあるお客様だけど、旅費交通の確保はうちかよ」という管理課課長には、「予定外の出費ですし、製造や他の部署の人にも一緒に行ってもらう可能性がありますので、部としての予算の確保をお願いします」。

「うちからも人を出すのかよ」というD課長には「もともとの基本設計は開発課ですし、量産設計の人間だけでは手が足りません。私の課の中でも対応します。現場から問題の状況を連絡しますので、開発課のほうでも原因分析を手伝ってください」。

こうしてお客様に納めた機械は量産開始日程を遅らせることなく、問題を解決しました。

一般的には、「あなたが責任をもってやるべきだ」と言われるとすべて自分でやろうとしますが、一人で抱えなくてもいいのです。

責任と権限はセットですから、問題解決のためには上司の力も含めてあらゆるリソースを使える権限があると受け止めてください。

02

長時間労働に不満を言わない職場を変える

↓改善を実行するリーダー

夜遅くまで残っていると「頑張っているね」とほめるように声をかけることがあっても、「遅くまで残ってやっているのは仕事ができないからだ」などとは言いませんよね。

評価会議のときも、「AさんとBさんはほとんど差がないけど、Bさんはいつも夜遅くまで残って頑張っているから、Bさんを上に評価しようか」と、ここでも夜遅くまで頑張っていることを評価するような言い方です。

遅くまで残っている人が評価されるとか、数値が出ていなければ早く帰ってはならない、1人だけ早く帰ってはならない、という同調圧力に縛られた職場では、長時間労働を変えようとしてもなかなか変えられないのです。

しかし、遅くまで残っている人が評価される、とか、数値が出ていなければ早く帰ってはならない、と思い込んでいる職場でも改善し効率的な仕事に変えて早く帰るように改善したA課長のケースを紹介します。

ある営業支店の事例です。この職場も伝統的に長時間労働を美化する風土があり会社の中でも問題視されていました。

毎月、人事部からは「残業がオーバーしています。改善してください」と言われ、部長は「人事部がうるさく言ってくる。何とかしろ」と課長に指示しますが、一向に改善する様子は見られませんでした。

しばらくして、人事異動があり、A課長に変わりました。

新しく赴任したA課長は、元のB課長との業務引き継ぎのとき、「部下たちに何度も早く帰れるように改善しようと、仕事の仕方の無駄を指摘したり、改善案を出したりしたが、『時間がない』『ムリです』と言われて何もできなかった」という話を聞きました。

A課長は「課員は、なぜ改善に乗ってこないのか、まずはホンネを聞かなければ始まらないな」と考えました。

A課長は部下たちに心を開いてもらうために自分から開くことにしました。まず、自分から弱さや引け目に思っていることを隠さずさらけ出すことにしました。

具体的には、自分をさらけ出す場として、課内会議や歓迎会などの飲み会、朝のミーティングを設けました。

話の内容は、ほとんどの人が隠しておきたいようなことです。たとえば、結婚までに何度も失恋したことや、中卒が恥ずかしくて学歴欲しさに国立大学の二部を狙って見事に落ちたこと、主任や課長への昇格試験も一度落ちたことなどを話しました。

また、嘘やごまかし、ゴマすりはせず、話し合う時間を大事にする、上司の評価より後工程やお客様の評価を大事にする、という話をしました。

前課長は有名大学出身でスマートな人でしたが、今度のA課長は泥臭く、最初から裸でぶつかってくる感じで、課員たちも「今度の課長は何か違うな」と受け止め始めました。

そして、A課長は本題である残業改善の話をするために「何月何日に1時間、私にください。ざっくばらんに話し合いたいと思います」と、お客さまとのアポや他部署との会議など設定しないように、みんなにお願いしました。

時間を1時間にしたのは、本当は数時間とか1日とか、まとまって時間を取ったほうがいいのはわかっていたのですが、現実的ではないと考えていたからです。

ざっくばらんに話し合う前、A課長は部下たちに「ざっくばらんに感じていること、思っていることを遠慮しないで言ってほしい。ただし、言えば、上が改善してくれると思わないこと。皆さん自身で改善するのです。もちろん、私も支援します」と、はっきり言いました。

ざっくばらんに話し合う場を何回かやっていくと、徐々に思ったことを言う人が1人、2人と増えていきました。「口だけではなさそうだ。部長の言いなりになるような人ではない」とわかってホンネが少しずつ出るようになったのです。

いろいろな意見が出た中で、「なぜ早く帰らないのか、改善しようと呼びかけてものってこないのか」が見えてきました。

①朝、机の上で書類仕事をしていると、なぜ早くお客様のところに行け、と怒鳴られた。夕方、仕事を終えて帰ってくると、「今月も未達になるんじゃないのか」と言われる。それが嫌でわざと遅く事務所に帰ることにしている。

②事務所に戻っても、報告資料や日報、明日のお客様への提案資料の準備、コンプラの対応などで本社への提出資料が多く、早く帰れない。

③目標未達なのに家族の都合で早く帰った人がいて、「やる気があるのか！」と、みんなの前で怒鳴られているのを見て、何があってもみんなよりも遅くまで残ったほう

が無難だと思った。

④夜遅くまで残っていると、目標未達でも「頑張りましたが、できませんでした」という言い訳が許される人がいる。

⑤早く帰る人よりも遅くまで残っている人が評価されるし、残業代も出て得だ。

ホンネの中には誤解していることもありましたが、改善をしようと言っても「ムリです」と言う理由がわかりました。また、「不満を言わないのではなく、成果が出ていないから不満など言えない」と考えていたこともわかりました。

早速、部長に「今期は業務改善を進め、来期は今期分を取り戻します」と伝え、話し合いや改善の時間を確保しました。

同時に、部下たちからの「やりたい」ということは法に触れない限り、許可するようにしました。

その結果、さまざまなアイディアが出ましたが、最終的には次の改善に取り組みました。

①月や週、当日の行動計画を自分たちの意思を入れて効率のいい計画をつくる。

②新たな課題に時間を割くために、すべて社内でやるのではなく外注を使う。

③職場内の会議資料、本社への報告資料、などの削減を考える。
④お客様との予定がないときは、日中でも事務所で報告書や提案書の作成をする。
⑤事務職の女性にもお客様のアポ取りを手伝ってもらう。そのためにも、職場のコミュニケーションをよくするためにお楽しみ会などイベントを企画、実施した。

A課長の、自分の弱さをさらけ出して体当たりで向き合う姿勢や、あまり効果が期待されないことでも、部下からの提案ならば法に触れない限り何でもやるという姿勢が、部下を本気にしました。課長の本気を感じた部下たちは以前とは見違えるほど、積極的に改善に取り組みました。

その結果、残業時間を大幅に改善し、業績も向上させることができました。

03

嘘やごまかしで組織を守ろうとする職場を変える

↓ 古い体質を壊すリーダー

私が子供の頃は、「うそつきは泥棒の始まり」と言われて、「嘘をついてはいけません」と厳しく教育されてきました。

しかし、私はしょっちゅう嘘をついていました。給食費や教科書代を持って行く日に、私だけ渡せなくて恥ずかしい思いをするのが嫌で、その日は頭が痛いとか腹が痛いなどと嘘をついて学校を休みました。時には「お金を持ってくるのを忘れました」と言って、先生から「嘘つき！」と叱られたこともありました。嘘つき少年だったのです。

その後、大人になってからは胸を張って「嘘は絶対についていません」とは言えませんが、その嘘つき少年だった私から見ても、新聞やＴＶなどの報道で知る大人の世界の嘘はひどいものです。嘘も方便という諺があります。時には、あえて嘘をついたほうがその人のためには優しいということもあるかもしれませんが、経営トップたちが頭を下げることに至った問題は消費者や社会にとって優しいなどというものとは程遠いものです。耐震ゴム性能を示すデータの改ざん、決算報告の金額数値の改ざん、ディーゼルエンジンの排気ガスのデータ改ざん……。子供たちに「嘘はいけません」などと言う資格がない人たちが経営しているのではないかと疑ってしまい、腹立たしい限りです。

本項では、嘘やごまかしを促されるような雰囲気に負けないリーダーを紹介します。

A製造会社はアジアのモノづくりの技能習得支援の一貫として、海外から研修生を受け入れていました。研修は技能を身につけることを目的に座学と実習の3年間行なっています。技能実習は実習場で基礎的な組立技能習得を行ないますが、ほとんどの時間は実際の製造ラインに入って社員と同じような仕事をしていました。A製造会社にとっては人手不足をカバーでき、日本よりも安い賃金で働いてもらえるメリットがあったのです。

したがって、実態は国から認められた研修のカリキュラムとは少し違い、ライン実習の時間が多かったのです。

あるとき、国際研修協力機構（ＪＩＴＣＯ）から立入検査があるとの連絡が入り、総務担当のA課長に部長から「問題なく対応できるようにしておきなさい」という指示がありました。

立ち入り検査は、企業が事前に提出したカリキュラムの通りに実習が実施されているかを調べ、指導・支援することが目的です。A課長は先月の異動で総務課に来たばかりで、自分の会社で海外研修生をどのように受け入れ、運営しているのか知りませんでしたので、部下と教育訓練課と製造課に実際にどう運営しているのか聞きました。

実際に製造ラインに入って作業している研修生を見に行きました。

調べてわかったことは、事前に申請したカリキュラムより座学での基礎教育や基礎実習より製造ラインに入って作業している時間が多いことがわかりました。

A課長はまずいなと思いました。部下に聞くと、最初は申請した通りのカリキュラムで運営していたのですが、製造ラインが人手不足になったときにやむを得ず、製造ラインでの作業時間を増やしたことがありました。それがきっかけで、その後は事前に申請したカリキュラムより多くラインで働くことが当たり前になってしまったということでした。

そのことを部長に報告すると、「わかった、問題なく対応してください」と、また〝問題なく対応〟という言葉が出てきました。部下にそのことを話したら、「問題なく対応してくださいというのは、うちの会社の問題とならないようにＪＩＴＣＯには説明してください、という意味だと思います」と返ってきました。

A課長は部下の言い方から工場を守るためには嘘やごまかしの報告をしてもいいじゃないかという圧力を感じました。「工場を守るために、『申請した通りに運営しています』と嘘を言えということか」とA課長は悩みました。

その後、上司から呼び出されて、「近々、JITCOが来るかもしれないと本社からも連絡があった。どう対応するか考えているか？」と聞かれたので、「今、実際にやっていることをありのままの事実で説明したいと思います」と答えました。「それじゃ困るよ。本社から何をやっているんだと言われてしまう。マスコミなどに知られたら大騒ぎになる。工場の総務は、そういう外部からの工場活動を阻害する要因をなくすことが役割じゃないのか。『申請した通りにやっています』と、資料を作って報告したらいいじゃないか」と上司は言いました。

A課長は「しかし一度、嘘の説明をするとどんどん苦しくなります。今回、JITCOがうちに来るのは、社内からJITCOに海外研修のやり方がおかしいということを連絡した人がいるのではないかという情報も入っています。向こうは、すでに事実情報を得ているようでしたら、今回はありのまま説明して、今後は申請した通りに実施することを約束したほうがいいと思います」と返しました。

部長は「それは困るよ……」と言いながらもそれ以上のことは言わず、ありのままに説明するということにも反対しませんでした。A課長は了解を得たと判断し、JITCOが来たら、ありのまま説明できる準備をしておくように、部下や教育訓練課や製造課にお願いして待つことにしました。

しかし、結局、JITCOが来ることはありませんでした。

A課長は技術屋で総務関係の仕事は初めてでしたが、異動の内示を受けたときに人事からは「工場の古い〝守りの体質〟を壊してほしい」と言われていましたので、こういうこともあるかもしれない、と覚悟していました。

この製造会社もそうですが、多くの工場では日々安定して生産を続けることが使命です。そして、総務はその生産活動を阻害する外的要因から守るということを使命にしているので、何をしてでも守ろうとします。この〝何をしてでも守る〟ということが、時には法に触れそうな嘘も仕方がないということになってしまいます。

A課長は常に親や妻、子供たちに恥ずかしくない仕事をしようと思っていました。今回、嘘の報告をするということは、それに反することだと考えたことと、自分に与えられた「守りの体質〟を壊す」という使命から取った行動でした。

ところが実は、A課長は1つだけ上司に嘘をついていました。「社内からJITCOに海外研修のやり方がおかしいということを連絡した人がいる」と言ったことです。それはA課長の推測で、確証があったわけではありませんでした。

このA課長がついた嘘を正当化してはいけないとは思いますが、工場を守るために嘘やごまかしもやむを得ないという同調圧力に負けないために、あえて嘘で阻止したというわけです。

04

お客さまより自社を優先する職場を変える
↓
自部署の利益だけを追わないリーダー

どこの企業も、自社の従業員の一人ひとりが利益意識を強く持ってほしいと望んでいます。しかし、逆に一人ひとりの利益意識が強すぎると、お客さまの信頼を損ねるというケースもあります。

A工業という工作機械メーカーがあります。

この会社は従業員一人ひとりの利益意識がとても強いことが特徴で、これまでの成長を支え、今も成長をし続けている業界のトップメーカーです。しかし、自部署の利益を優先する風潮がありました。

その中で、自部署の利益優先の流れに妥協しないでお客さま目線、全体最適目線で問題解決にあたった課長がいます。工具課のA課長です。

ある日、納めた工作機械の加工精度が安定しない、刃具（金属を削る刃物）の問題じゃないかと、お客さまから連絡がありました。

早速社内で、営業、設計、品質保証部、製造、工具の各関係者が招集され対策会議が開かれましたが、最初から、安定しないときの機械の状況や加工のデータなどの事実確認はそっちのけで「どこの責任だ。うちではないだろ。お客さまも刃具の問題じゃないかと言っているのだから、工具課が動いてくれよ」と一緒に考えるのではなく責任の押しつけ合いになってしまいました。

責任の押しつけ合いになるのは、対策費用や労力を自部署が負担したくないことが背景にありました。

「刃具の問題ではないか」と言われたので、工具課のA課長と一緒に出ていた切削技術主任が、「今回もお客さまから素材を送ってもらい、社内の実験場で再現テストをしましょう」と提案しました。

A課長は、主任の提案はもっともだが、お客さまから試験加工用の素材を送ってもらう費用や、その間のお客さまの生産が止まることを考えるとこれでいいのか、疑問を持ちました。

A課長は課に戻ってから主任に「本当に社内の実験場で再現テストをする必要があるのか？」と質問すると、次のような返答でした。

「刃具の問題かもしれませんが、できるだけ工具課の責任で費用負担をしなくてよいように、念のため再現テストはやっていたほうがいいと思います」

A課長は「念のため」と聞いて、「君の話はわかった。今回は、お客さまも刃具の問題かもしれないと仰っているので、まず、我々が訪問して現物を確認しよう。その後で、必要なら再現テストをやろうじゃないか。期末に予算枠をオーバーしそうなら、私が予算管理と交渉する」と説得して、まずは工具課から技術者を出すことにしました。

A課長はお客さまのところに訪問し、刃先の状況や加工時の振動などを確認しました。現場の人と話をしているときに、最近、粗材の組織を均一にする熱処理装置が故障したことがあるということを聞いたので、念のため粗材の硬度（固さ）を測定してもらいました。その結果、素材の硬度にバラツキがあり、それが原因で加工精度が悪くなることもわかったのです。

また、硬度のバラツキは熱処理装置の故障が原因だとわかりました。そのことをお客さまにデータで示し、納得していただきました。

A課長の、まずお客さまのところに行って現物を確認しようという判断によって、速やかに対応することができ、お客さまの信頼を損なうこともなく、社内の実験場で再現テストもすることがなくなりました。

A課長は、今回の問題を工具課内で主任や課員と振り返り、「自分たちの予算を無駄に使いたくないという気持ちは大事です。しかし、それ以上に、自部署の予算枠に捉われず、お客さま目線で問題解決に当たることにしましょう」と伝えました。

05

「自主性」という言葉が独り歩きしている職場を変える

↓ プロセス改革を成功させたリーダー

最近は、部下に対して少しでも指示命令的な言い方をすると、「あの課長は部下の主体性を大事にしていない。問題だ」と周囲から批判されたりします。

「主体性を大事にする」はとてもいいことに思えて反論もできない、無条件に受け入れざるを得ず、その主体性を自分勝手な行動を正当化する部下がいると大変だと思います。

そういう部下にも上手に向き合っている、A社のプロセス改革課長のケースを紹介しましょう。

精密機器を製造しているA社は、自ら学び、自ら考え、主体的に行動できる人材育成に力を入れている会社です。

A社には設計部門の設計者が使うコンピューターによる自動設計システム（以下CADシステム）がありますが、そのCADシステムを管理するのがプロセス改革課です。

プロセス改革課には攻めと守りの仕事があります。守りの仕事は既存のCADシステムを設計者が日常問題なく使えるように維持管理する仕事です。攻めの仕事は設計部に対して設計プロセス改革を促す仕事で、こちらがプロセス改革課のメインの仕事です。

A社は設計開発期間短縮計画の一貫として設計プロセス改革に注力しています。そして、プロセス改革課長は会社の方針を受けて、将来はCADシステムを維持管理する業務を外注化して、設計プロセス改革に注力することをすることを、すでに課内のメンバーに考え方や目的を説明していました。

CADシステムを維持管理する業務をしている一部の人は、外注化に納得していませんでした。外注化したら、今のように設計者の気持ちになって時間外でも臨機応変に対応することはできないということでした。今の設計者を支えているのは自分たちだというプライドがあったのです。

課長は、CADシステムを維持管理する業務から、設計プロセス改革の仕事に変えるために、外注に移したいと考え、課員に早く業務整理をしてほしいと指示しました。しかし、ますます維持管理の仕事を離そうとしません。

課長が「なぜ、徐々に手を引くことを考えて仕事を整理しないのか」と聞くと、「今の設計者が困っているなら、会社のためにも支援するのは当たり前じゃないですか。私はイヤイヤやっていないです。必要なときには、夜遅くまでやっているじゃないですか」と、課長の指示より自分のやっていることが設計者のためだと正当化します。

確かに、先週、設計部から「CADがトラブって使えないので何とかしてほしい」という依頼があり、受付時間も過ぎていましたが、緊急ということで「悪いけど対応してほしい」と頼んだばかりでした。

しかし、設計者のためとか会社のためと言っているものの、自分たちの仕事を守ろうとしているように見えました。設計部は「彼はよくやってくれている」と言ってきますが、設計部にとってはシステムの維持管理は外注でも社内でもどちらでもよくて、問題が起きればいつでも対応してくれればいいという考えです。

課長は、課の方針を無視して自分の行動を正当化している部下をそのままにしておいてはダメだと考え、何度も面談しました。

面談から、なぜ彼らが今の仕事を守ろうとするのかわかりました。それは、今のCAD

システムを維持管理する業務から離れて設計部に対して設計プロセス改革を促す仕事に自信がなかったからです。だから、今の仕事から離れようとしなかったのです。

プロセス改革課長は、その部下たちに次のように話をしました。

「皆さんが主体的に活動していることを評価しています。ただし、課の方針や課題を実施する中で主体性を発揮してほしい。課の方針や課題から外れたことでは、自由勝手にやっていることと同じです。

課の方針通り、3カ月後には今の仕事から離れていただきます。その代わり、設計部に対して設計プロセス改革を促す仕事ができるように勉強会を設けます。誰でも慣れた仕事から離れるのは心配なはずです。また他に不安なことがあったら何でも言ってください」

こうして数カ月後に外部に委託する準備にかかることができました。

課長のやったことから学ぶべきは、「自ら学び、自ら考え、主体的に判断し、行動する」は、課の方針や課題実現に向けて求めることで、自分の独自の判断で自由勝手にやることではないということを部下に伝えたことです。そして、新しい方針や課題実現に足りないスキルがあれば、そのスキルを身につける支援をしたことも、成果につながる大事な行動です。

06

目標が絵に描いた餅になっている職場を変える
↓
「安全第一」を実行させたリーダー

どこの工場でも「安全第一」や「ゼロ災害運動中」「無災害記録１５０日」という看板や横断幕、ポスター類が工場の門や工場内のいたるところに掲げられています。「絶対に災害を起こさないようにしよう」という強い意気込みを感じます。

しかし、本当に安全第一で仕事をしていますか？　もし、安全を第一優先にして仕事をしていたら、火災事故や人身事故などの多くの事故はかなりの確率で防げたはずです。多くの会社が掲げている経営理念や使命、行動指針も同じです。どの企業も立派な美しい文言が並んでいますが、絵に描いた餅になっていないでしょうか。

この絵に描いた餅状態が当たり前になると、一番苦しむのは中間管理職です。しかし、絵に描いた餅状態にしなかった課長の例を紹介します。

Aメーカーの工場です。この工場でも工場門のところに「休業災害ゼロ記録231日」と書いた看板を掲げていました。

休業ゼロ災害記録の231日の日数だけが入れ換えられるようにしてあり、毎日終業後に安全管理の担当者が日にちを変えていました。また、「安全第一」という看板や横断幕も工場内の従業員の目に留まるところに掲げていました。

毎朝の朝礼が終わると「ご安全に」と全員で言ってそれぞれの仕事場に戻っていきます。

製造課のA課長の職場も毎朝、「ご安全に」を全員で言って仕事を始めますが、その日もいつものように「ご安全に」と言って一日が始まりました。

ところが、作業者のB君が型枠の交換作業中に作業用踏み台から足を滑らして、右足の骨にひびが入る大ケガをしました。

診察の結果、幸い入院ということにはなりませんでしたが、足を固定して当面は動かさないように、との医者の指示でした。

治療を終えたB君が、右足の膝から足首までギブスで固定されて、松葉づえをつきながら痛々しい姿で事務所に戻ってきました。課長は医者の指示を受けて、B君にはしばらく会社を休んで治療に専念するよう指示し、部長にそのことを報告しました。

しかし、部長は「なんで休ませるんだ。うちの部の責任で工場の休業災害ゼロの記録が途切れるじゃないか。机に座っているだけでいいから、会社に来てもらいなさい」という予想もしない返答でした。

A課長は、半年前に課長になったばかりでしたが、いつもの部長とは違う剣幕に少し圧倒されて、反論もできずに自分の課に戻りました。B君には「申し訳ないけど、毎朝、送迎用の車を出すから、松葉づえで出勤してくれ。仕事も事務所での仕事にするから」と説得しました。

最初は休んでいいと言ったことを覆し、無理に出勤させようとする課長に対するB君の視線は冷たいものでした。A課長自身も、「こういうことを部下に強いることが安全第一なのか」と自分を責めるような気持ちになりました。

B君のケガは幸い、命に関わるような重大な災害にはなりませんでしたが、A課長はB君にしたような非人間的なことは二度としたくないと思いました。そして、今回の災害は何が原因だったのか、徹底的に改善に取り組んで、次に活かそうと決心しました。

まず、現場に何度も足を運び、踏み台に実際に乗ってみたり、型枠交換作業を見たり、現場の話を聞いたりしました。事実を自分の目と耳で確認したのです。

そこで、油で濡れていて床が滑りやすいこと、短い時間で交換作業を行なうために無理な姿勢で作業をしたり、慌ただしく踏み台に飛び乗ったり飛び降りたりしていることがわかりました。

さらに、これまでも何度も踏み台から滑って踏み外してねんざをした人がいましたが、課内の安全会議でそれを報告すると「気をつけないからだ！」と叱られるので、報告しなかったことも判明しました。

つまり、今回のようなケガがいつ発生してもおかしくなかったのです。現場で起きていることが管理職側には上がってきていなかったことが問題だということがわかりました。

A課長は早速、臨時の安全会議を開き、次のことを決めました。

「本当に安全第一の職場にするために、普段のちょっとしたかすり傷や、危ない思いをしたこと、見たこと、そういう小さなことを見逃さずに安全会議に出して、作業を見直し、改善につなげること」

このように、A課長は新任早々に部下のケガをきっかけにして、「安全第一」を絵に描いた餅にしない職場づくりに成功したのです。

おわりに

最後まで読んでいただき、ありがとうございます。

いかがだったでしょうか？　読者の皆さんは「常に意識していることばかりじゃないか」と思ったかもしれません。

実際、その通りだと思います。私も、風改改革コンサルタントとして、多くの中間管理職の皆さんと活動してきました。その中で、「もともと部下や上司、仲間と一緒にやっていく知恵を持っているのに、なぜ使わないんだろう」と強く感じています。

「はじめに」でもお伝えしたように、本書に書いてあるのは、人間が本能として持っている「うまく協働していくための知恵」です。本来は、特別なリーダーシップを持った人でなくても、「協働する知恵」を使えば、部下や周囲の人たちの力を活かし合って日々発生する問題解決が可能なのです。

世の中には、素晴らしい経営者やコンサルタントが書いたマネジメント本が数多くあります。しかし、それらはひと握りのトップ集団におけるリーダーに向けたノウハウばかりで、私たち普通の人に活かせるでしょうか？

それよりも、元来人間が持っている本能的に協働する知恵に気づき、活用していただければ、普通の人でも存分にリーダーシップを発揮していけます。そのことが読者の皆さんに伝われば、本望です。

＊

執筆にあたっては、多くの方に支援していただきました。途中で何度も方向性を見失って筆が進まなかったときに、さまざまな角度からアドバイスしていただいた同文舘出版の戸井田歩さん、株式会社プレスコンサルティングの樺木宏さんには感謝申し上げます。

一緒に仕事をさせていただいている、株式会社スコラ・コンサルトの柴田昌治さんと仲間の皆さん、16年間という長い期間、風土改革支援をさせていただいているＭ工業株式会社・グループ会社の皆さん、多くのことを学ばせていただき、今も感謝しております。

最後に、私の執筆作業の応援団となってくれた妻と２人の娘、執筆で疲れたときの元気付けになってくれた２人の孫に感謝します。

２０１６年９月

手塚利男

著者略歴

手塚利男（てづか　としお）

風土改革コンサルタント、株式会社プロフェス代表取締役、株式会社スコラ・コンサルト プロセスデザイナー
1952年、山形県南陽市生まれ。1968年、いすゞ自動車株式会社に入社。1991年、いすゞ自動車の全社風土改革推進を担当し、470億円の赤字から黒字浮上、復配に貢献する。1997年、川崎工場の総務部長として“のびのびした工場づくり”に取り組む。1999年、いすゞ自動車の100%出資会社のキャリア開発株式会社に取締役として出向。2001年にいすゞ自動車退社、風土改革コンサルタントとして独立。株式会社スコラ・コンサルトのパートナーとして「“やらせない”工場変革」「組織風土変革」のコンサルティングを開始する。2006年、株式会社プロフェスを設立。現場密着を重視し、クライアントの職場に入り込む支援を得意としている。

著書に『ギスギスした職場はなぜ変わらないのか』（日本経済新聞出版社）、共著に『ビジネス心理検定試験公式テキスト〈2〉 マネジメント心理編（日本ビジネス心理学会編、中央経済社）等がある。

【お問い合わせ】

株式会社プロフェス　http://www.professi.co.jp/

部下からも会社からも信頼される
中間管理職の教科書

平成28年9月30日　初版発行

著　者 ―― 手塚利男

発行者 ―― 中島治久

発行所 ―― 同文舘出版株式会社

東京都千代田区神田神保町1-41　〒101-0051
電話　営業03（3294）1801　編集03（3294）1802
振替00100-8-42935
http://www.dobunkan.co.jp/

ISBN978-4-495-53581-0
印刷／製本：萩原印刷
Printed in Japan 2016